돈에 휘둘리지 않는
단단한 미래를 만들어 갈

_____ 에게

 추천사

아이가 태어났을 때, 세뱃돈과 용돈을 모을 펀드 통장을 만들어 줬습니다. 나중에 커서 자기 길을 결정할 때 이 통장을 쥐어 주며 꿈을 위해서 현명한 투자가 얼마나 중요한지, 어떻게 자산을 만들어 갈지 꾸준히 설명해 줄 계획입니다. 제가 해 주고 싶은 말들을 딱 골라서 너무나도 쉽고 또 재밌게 풀어냈습니다.

_김범주 SBS 앵커, <김범주 기자의 친절한 경제> 진행

경제 용어가 머리에 쏙쏙 들어오는 쉬운 책입니다. 균형 잡힌 시각으로 착한 주식 투자를 설명합니다. 경제 흐름을 실질적으로 이해할 수 있습니다. 곧 세상에 나갈 우리 아이들에게 상식과 교양을 채워 주는 쓸모가 충분한 경제 책입니다.

_문경민 『열세 살 우리는』 저자

사람의 행복은 돈이 아니라 의미 있는 삶에 따라 결정된다고 해요. 이 책은 돈을 많이 버는 법보다 돈을 의미 있게 쓰는 법을 가르쳐 주는 책이랍니다. 많은 친구들이 돈을 의미 있게 써서 행복해지기를 진심으로 바랍니다.

_천경호 성남서초 교사, 『마음과 마음을 잇는 교사의 말공부』 저자

이 책은 단순히 돈과 부자만을 강조하지 않으면서, 현대 사회를 살아가려면 꼭 알아야 할 경제 지식을 재밌으면서도 따뜻한 관점에서 다채롭게 안내하고 있습니다. 이 책을 벗 삼아 돈에 마음을 빼앗기지 않고 혼자만이 아닌 더불어 살아가는 삶 그리고 지구 환경과 함께하는 행복한 삶을 실천하는 경제를 알차게 만나 봐요.

_**배성호** 서울송중초 교사, 『선생님, 코로나19가 뭐예요?』 저자

사회 교과에서 배우는 경제 교육을 실제 생활에 도움이 되게 하는 것이 금융 교육입니다. 이 책을 통해 학교에서 배운 경제 문제를 실제 금융 상황에서 어떻게 적용해야 하는지를 익힌 아이들은 자신을 삶을 더욱 가치 있게 영위해 나갈 것입니다.

_**차승민** 밀주초 교사, 『열두 살 나의 첫 사춘기』 저자

책장을 몇 장 넘기자마자 당장 우리 집 아이들과 반 아이들에게 읽게 해 줘야겠다는 생각이 절로 들었지요. 대한민국의 관심이 주식으로 쏠린 지금이 아이들의 경제교육 적기일지도 모르겠네요. 학생들의 생활 속 이야기들로 쉽고 재미있게 접근하여 경제에 관심을 갖고 눈을 뜨게 해 줍니다.

_**고영종** 서울은평초 교사, 『바른 글씨체를 잡아 주는 속담 따라 쓰기』 저자

장난감 말고
주식 사 주세요!

우리학교 어린이 교양
장난감 말고 주식 사 주세요!

초판 1쇄 펴낸날　2021년 6월 21일
초판 7쇄 펴낸날　2025년 6월 15일

글　　소이언
그림　　우지현
펴낸이　홍지연

편집　　홍소연 고영완 이태화 김지예 이수진 김신애
디자인　이정화 박태연 정든해 이설
마케팅　강점원 신예은 김가영 김동휘
경영지원　정상희 배지수

펴낸곳　(주)우리학교
출판등록　제313-2009-26호(2009년 1월 5일)
제조국　대한민국
주소　　04029 서울시 마포구 동교로12안길 8
전화　　02-6012-6094
팩스　　02-6012-6092
홈페이지　www.woorischool.co.kr
이메일　woorischool@naver.com

ⓒ우지현, 소이언, 2021
ISBN 979-11-6755-000-2　73320

• 책값은 뒤표지에 적혀 있습니다.
• 잘못된 책은 구입한 곳에서 바꾸어 드립니다.

저자의 말

돈에 온 마음과 세상에 대한 관심을
빼앗기지 않기 위해

　이 세상에는 순식간에 우리 마음을 빼앗는 것들이 참 많아요. 너무 재밌는 게임, 고소한 냄새가 코를 찌르는 맛있는 닭튀김, 누구와도 즐겁게 잘 어울려 노는 그 애, 그리고 무엇이든 척척 살 수 있게 해 주는 '돈'이야말로 언제나 우리 마음을 빼앗아 가죠.

　여러분이 돈을 중요하게 생각하는 건 꼭 뭘 사려는 마음 때문만은 아닐 거예요. 대놓고 말하지는 않지만, 엄마 아빠가 늘 돈에 쫓기고, 또 돈이 부족해 자주 속상해 한다는 걸 여러분이 누구보다 잘 알기 때문이지요. 할 수만 있다면 10원을 10만 원으로 만들고, 100원을 100만 원으로 만들어서 부모님께 '척!' 하고 드리고 싶죠?

　그런데 얼마 전부터 '주식 투자로 10원을 10만 원으로 만들고, 100원을 100만 원으로 만들 수 있습니다!'라고 이야기하는 사람들이 많아졌어요. 그러면서 주식 투자를 하는 어른들도 무척 많아졌죠. 우리나라만 그런 게 아니라 다른 나라도 그렇다고 해요. 온 세상 사람들이 모두 돈

을 불리는 일에 아주 관심을 많이 갖게 되었어요.

어떤 어른들은 자기들만 주식을 사는 게 아니라 어린이들에게도 주식을 사 줍니다. 어린이에게 주식이라니, 옛날 같으면 "그러다 나중에 돈만 밝히는 사람으로 크면 어쩌려고, 쯧쯧." 하는 소리를 들었을지도 몰라요. 하지만 지금은 주식까지 사 주지는 않더라도, 어릴 때부터 금융과 투자에 대해 잘 알아 두기를 적극적으로 바라지요.

주식은 뭐고 투자는 뭐길래 수많은 어른들이 여기에 이토록 열심히 매달릴까요? 늘 부족한 돈, 어떻게 해도 모자란 돈이 불어나는 방법이라니, 얼른 그 비밀을 알고 싶기만 합니다. 하지만 정말 100원이 100만 원이 된다면, 그건 너무 이상하고 의심스러운 마법이 아닐까요?

맞아요, 돈이 그렇게까지 불어나는 건 무척 이상하고 의심스러운 일이에요. 게다가 100원이 100만 원이 되는 세상에선 반대로 100만 원이 100원이 되는 일도 얼마든지 일어나죠. 돈을 버는 것만 생각하고 잃는 것을 생각하지 않으면, 순식간에 큰돈을 잃고 깊은 구덩이에 빠져 헤어나지 못하게 돼요.

만약 알뜰살뜰 돈을 아껴 쓰기만 해도 걱정 없는 세상이라면, 어린이들까지 주식과 투자에 관심 가질 필요는 없을 거예요. 하지만 안타깝게도 지금은 주식과 투자를 모르면 평화롭게 살 수 없어요. 왜냐면 전 세계 경제가 어렵고,

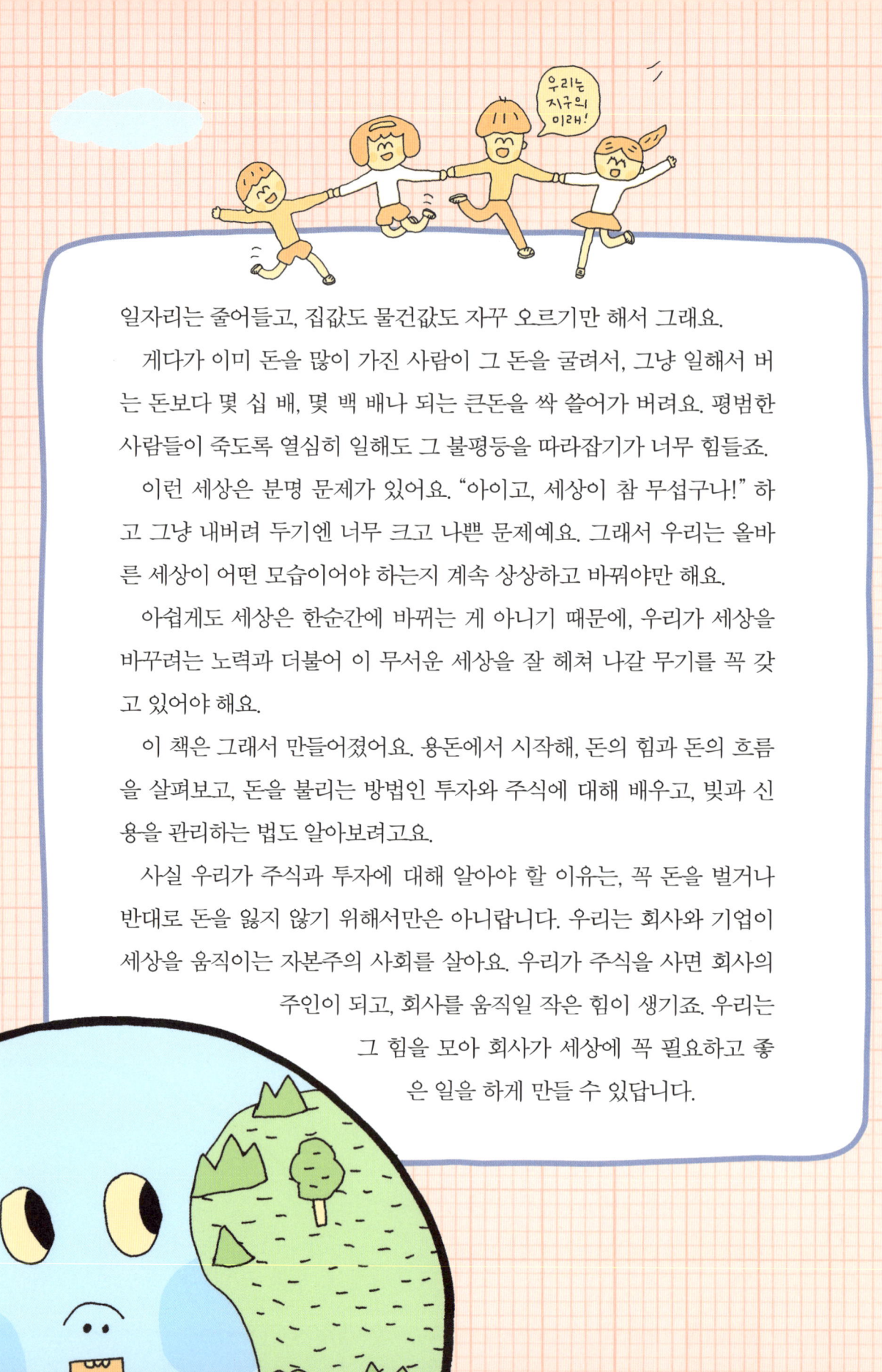

일자리는 줄어들고, 집값도 물건값도 자꾸 오르기만 해서 그래요.

게다가 이미 돈을 많이 가진 사람이 그 돈을 굴려서, 그냥 일해서 버는 돈보다 몇 십 배, 몇 백 배나 되는 큰돈을 싹 쓸어가 버려요. 평범한 사람들이 죽도록 열심히 일해도 그 불평등을 따라잡기가 너무 힘들죠.

이런 세상은 분명 문제가 있어요. "아이고, 세상이 참 무섭구나!" 하고 그냥 내버려 두기엔 너무 크고 나쁜 문제예요. 그래서 우리는 올바른 세상이 어떤 모습이어야 하는지 계속 상상하고 바꿔야만 해요.

아쉽게도 세상은 한순간에 바뀌는 게 아니기 때문에, 우리가 세상을 바꾸려는 노력과 더불어 이 무서운 세상을 잘 헤쳐 나갈 무기를 꼭 갖고 있어야 해요.

이 책은 그래서 만들어졌어요. 용돈에서 시작해, 돈의 힘과 돈의 흐름을 살펴보고, 돈을 불리는 방법인 투자와 주식에 대해 배우고, 빚과 신용을 관리하는 법도 알아보려고요.

사실 우리가 주식과 투자에 대해 알아야 할 이유는, 꼭 돈을 벌거나 반대로 돈을 잃지 않기 위해서만은 아니랍니다. 우리는 회사와 기업이 세상을 움직이는 자본주의 사회를 살아요. 우리가 주식을 사면 회사의 주인이 되고, 회사를 움직일 작은 힘이 생기죠. 우리는 그 힘을 모아 회사가 세상에 꼭 필요하고 좋은 일을 하게 만들 수 있답니다.

　이 책을 읽고 나서 "아, 나도 돈에 대한 나만의 계획을 세워야 하는구나!"라는 생각이 들면 성공이에요. (책의 마지막 부분에는 앞에서 설명한 투자와 주식에 관한 십자말풀이가 있으니 꼼꼼히 읽은 친구들은 쉽게 칸을 채울 수 있을 거예요.)

　사실 돈을 모으고 불리는 일은 꽤 멋지고 즐겁답니다. 돈을 좋아하고, 돈을 불리는 일을 좋아하는 건 아주 자연스럽고 칭찬할 일이지 나쁘게 볼 일이 전혀 아니에요.

　그래도 여러분이 돈에 온 마음을 빼앗기지는 말았으면 좋겠어요. 지금도 그렇고, 나중에 어른이 되었을 때도요. 돈만 보지 말고 주변 사람들과 우리가 사는 세상도 함께 봐야 돈 불리는 일이 더 즐겁다는 걸 잊지 마세요. 그래야 여러분이 돈 때문에 힘들고 속상할 때마다, 그 마음을 멈추고 다른 세상을 상상할 수 있거든요. 꼭 그렇게 되길 바라요.

2021년 이른 여름, 소이언

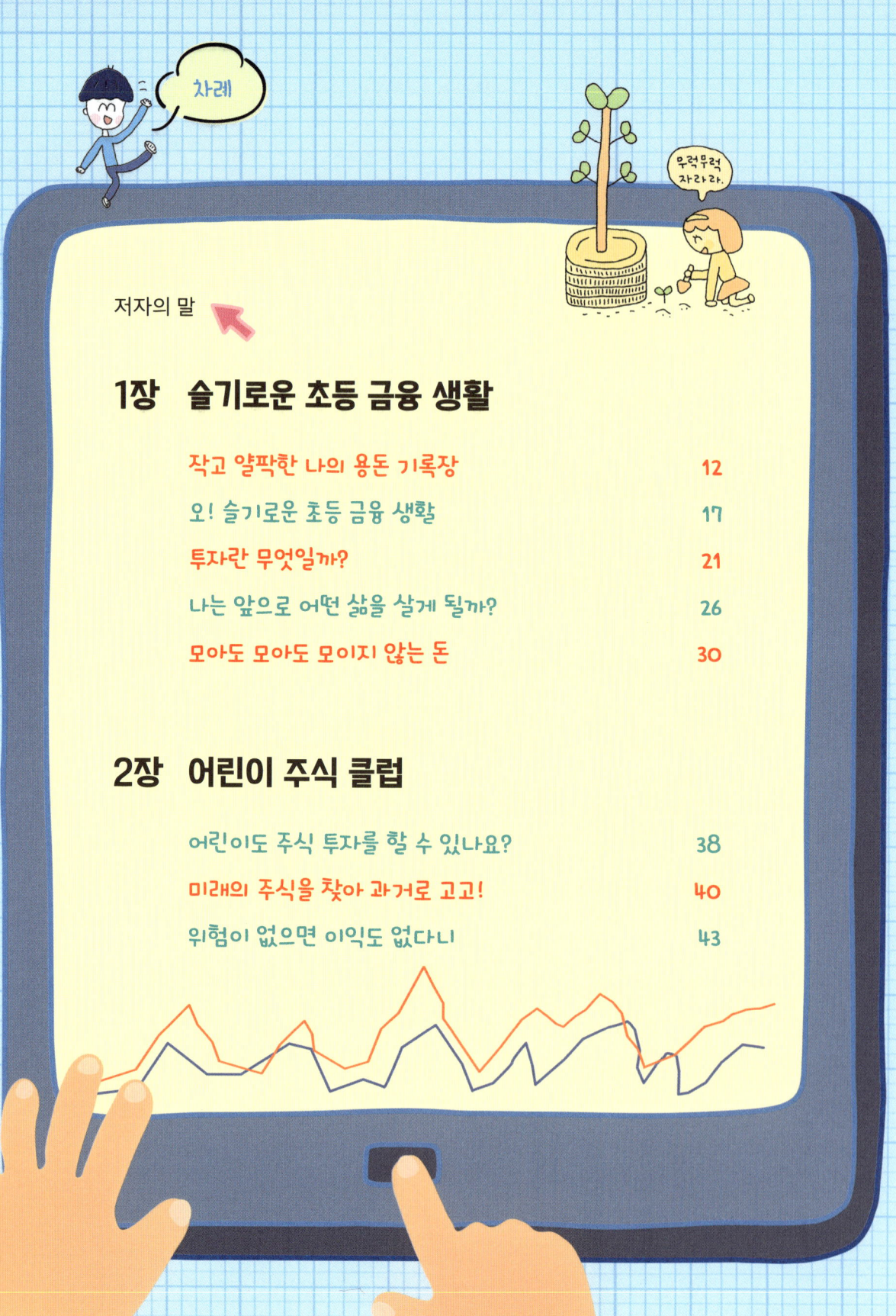

저자의 말

1장 슬기로운 초등 금융 생활

작고 얄팍한 나의 용돈 기록장	12
오! 슬기로운 초등 금융 생활	17
투자란 무엇일까?	21
나는 앞으로 어떤 삶을 살게 될까?	26
모아도 모아도 모이지 않는 돈	30

2장 어린이 주식 클럽

어린이도 주식 투자를 할 수 있나요?	38
미래의 주식을 찾아 과거로 고고!	40
위험이 없으면 이익도 없다니	43

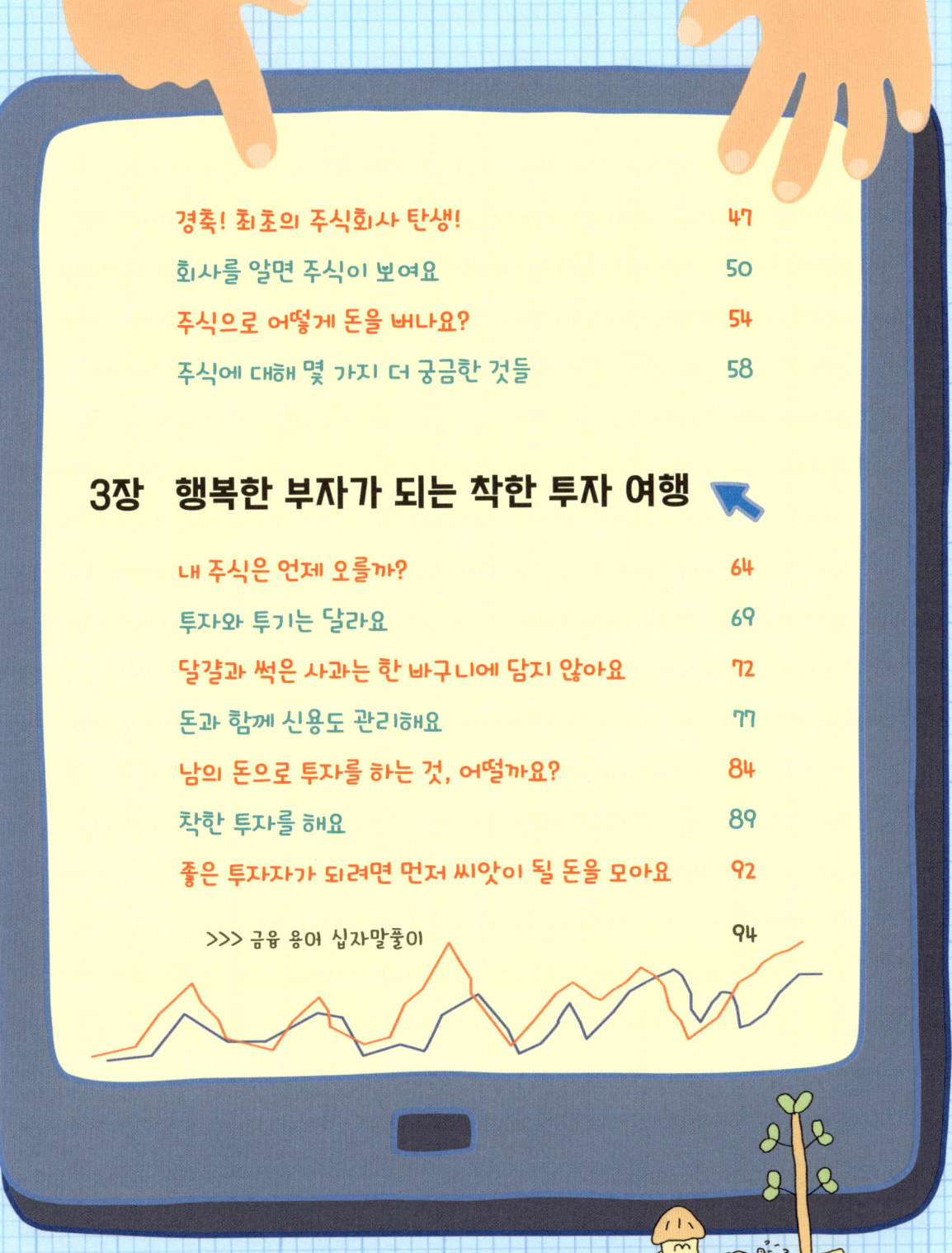

경축! 최초의 주식회사 탄생! 47
회사를 알면 주식이 보여요 50
주식으로 어떻게 돈을 버나요? 54
주식에 대해 몇 가지 더 궁금한 것들 58

3장 행복한 부자가 되는 착한 투자 여행

내 주식은 언제 오를까? 64
투자와 투기는 달라요 69
달걀과 썩은 사과는 한 바구니에 담지 않아요 72
돈과 함께 신용도 관리해요 77
남의 돈으로 투자를 하는 것, 어떨까요? 84
착한 투자를 해요 89
좋은 투자자가 되려면 먼저 씨앗이 될 돈을 모아요 92

>>> 금융 용어 십자말풀이 94

1장 슬기로운 초등 금융 생활

짝이 엄마가 주식을 사 주었다고 자랑합니다.
뭔가 멋져 보이지만,
나와는 상관없는 다른 세상 이야기 같아요.
투자가 뭔지 꼭 알아야 할까요?
지금도 잘살고 나중에도 잘살려면 무엇을 해야 할까요?

작고 얄팍한 나의 용돈 기록장

어린이도 돈을 좋아합니다. 어린이도 사람이고, 돈을 싫어하는 사람은 아마 없을 테니까요. 돈은 많으면 많을수록 좋아 보여요.

물론 아기들은 종이돈보다 동전을 더 좋아합니다. 동그랗고 반짝이는 게 신기해서 그런지, 500원짜리 동전과 만 원짜리 지폐를 막 바꿔 주죠. 하지만 조금만 자라도 그런 사기는 당하지 않아요. 돈의 가치를 알게 되니까요.

맞아요, 우리 모두는 돈이 얼마나 중요한지 잘 알아요. '돈은 값을 지불하는 수단이다.', '돈은 교환의 대가이다.' 이런 어려운 설명도 필요 없어요. 우리는 그냥 알죠, 돈이 없으면 아무것도 살 수 없고, 돈이 많으면 뭐든지 살 수 있다는 걸.

어른들은 '돈이 흘러야 세상도 흐른다.'라고 말해요. 자동차에 연료를 넣어야 움직이듯, 뻑뻑한 기계에 윤활유가 필요하듯, 우리가 사는 세상도 돈이 있어야 움직인다는 이야기겠죠.

초등학생이 되는 순간, 여러분은 드디어 그 신기한 돈의 흐름에 두 발을 담그게 된답니다. 두근두근 초등 금융 생활이 시작되는 거예요.

첫 단추는 부모님께 받는 용돈이에요. 아니, 무슨 엄청난 일이라도 일어나는 줄 알았더니 고작 용돈이냐고요? 하지만 금융은 사실 별 게 아니에요. **돈이 이리저리 움직이는 게 전부 다 '금융'이거든요.** 돈을 받고 쓰고 모으는 용돈 관리가 곧 금융의 참모습이랍니다.

부모님은 용돈을 주며 엄숙하고 진지하게 말해요.

"돈도 배워야 한단다. 어릴 때부터 돈 관리를 배워야 나중에 잘살 수 있거든. 그 첫걸음으로 용돈 기록장부터 써 볼까?"

다행히 용돈 기록장을 쓰는 건 어렵지 않아요. 덧셈, 뺄셈만 할 줄 알

면 되거든요. 문제는 다른 데 있어요. 바로 용돈 기록장에 쓸 게 없다는 사실입니다.

내 용돈은 오천 원인데 과자 한 봉지는 천 원, 친구 생일 선물로 줄 캐릭터 지우개 세트는 이천 원. 그러다 보니 용돈 기록장에 다섯 줄만 써도 용돈이 똑 떨어집니다. 아니면 용돈을 쓰지 않고도 엄마가 학용품과 간식을 시시때때로 잘 준비해 줘서 특별히 내 돈을 쓸 데가 없을 수도 있지요. 어쨌든 용돈 기록장을 마지막 페이지까지 다 쓰려면 십 년은 걸릴 것 같아요.

그래요, 초등학생에겐 돈이 별로 없습니다. 집안일을 돕고 심부름 값을 받거나 꼬박꼬박 용돈을 받지만, 큰돈은 절대 아니죠. 물론 세뱃돈이나 입학 축하금처럼 가끔 큰돈을 받을 때도 있어요. 하지만 그럴 때면 늘 들리는 목소리가 있습니다.

"엄마가 이 돈 잘 맡아 둘게.",
"아빠가 이 돈 통장에 잘 넣어 두마."

돈은 순식간에 부모님 지갑 속으로 사라져 버립니다. 그러니 초등학생에게 무슨 돈이 있겠어요?

'나만 용돈을 쥐꼬리만큼 받는 거 아니야?'

'저걸 매일 사 먹다니, 쟤는 나보다 용돈을 열 배 정도 더 받는 게 틀림없어.'

이런 생각이 들었다면, 여러분의 주머니 사정은 '매우 정상'이에요. 조사해 봤더니, 2020년 초등학생이 받는 평균 용돈이 한 달 평균 만 원 남짓이었거든요.

어린이 콘텐츠를 만드는 EBS 스쿨잼에서 학생들에게 물어봤더니, 초등 고학년 용돈은 한 달에 1만 3890원, 초등 저학년은 1만 원이었어요.

중학생은 3만 640원, 고등학생은 6만 540원이었고요. 중학교에 가도 용돈이 이렇게 적다니, 왠지 슬프지 않나요?

한 은행에서도 용돈 액수를 물어봤어요. 그랬더니 부모님들이 초등 저학년은 2만 원, 초등 고학년은 3만 원을 준다고 대답했대요. 중학생은 7만 원, 고등학생은 10만 원이었고요. 다행히 아까보단 조금 많네요.

용돈 액수를 조사하면서 용돈을 어디에 쓰느냐고도 물어봤어요. 중고등학생은 용돈의 3분의 1을 저축하고, 나머지는 간식비, 교통비, 학용품비로 쓴다고 대답했대요.

그런데 놀랍게도 초등학생들은 용돈의 절반을 저축한다고 대답했대요. 코딱지만큼 받는 돈인데 그중에 절반이나 저축을 하다니! 우리나라 초등학생은 전부 착하고 욕심 없는 모범생들인가 봐요.

오! 슬기로운 초등 금융 생활

사실 초등학생은 돈이 없어도 불편한 게 거의 없어요. 먹는 것, 입는 것, 공부하는 데 필요한 것은 어른들이 모두 다 마련해 주니까요. 취미 생활에 드는 돈도 마찬가지예요. 축구화도 책도 드론도 어린이가 직접 돈을 내고 사기엔 비싸고 부담스러운 것들이죠. 그러니 일주일에 5000원씩 용돈을 받아도, 가끔 과자를 사 먹거나 마음에 드는 수첩이나 펜을 하나 사면 그만입니다. 딱히 쓸 데가 없으니 그렇게 많이 저축할 수 있는 거겠죠.

그런데 부모님은 이렇게 알뜰살뜰 저축한 용돈을 세뱃돈 가져갈 때처럼 또 순식간에 가져가 버립니다. 돈이 사라진 자리에 부모님 말씀이 남아요.

"돈을 이렇게 열심히 모으다니, 기특하구나."

"돈은 중요한 거야. 돈도 배워야 한다고 여러 번 말했지? 어릴 때부터 현명한 금융 생활을 해야 해."

"그래, 우리 안 쓰는 물건으로 온라인 중고 거래 한번 해 볼까? 벼룩시장도 재밌었잖아."

뭐, 벼룩시장은 나쁘지 않았어요. 자원을 절약하고 금융 활동을 경험할 수 있으니까요. 스티커와 만화책을 팔아 돈을 버는 것도 좋고, 마음에 드는 모자를 싸게 사는 것도 은근히 재미있죠. 하지만 벼룩시장은 물건과 잔돈을 준비하는 것이 귀찮은 데다 심지어 자주 열리지도 않아요.

그래요, 이게 현실이에요. 금융 활동을 경험하는 것이 아무리 중요하다고 해도 어린이는 돈도 별로 없고, 돈을 직접 쓸 일도 없어요. 나이가 어리니까 아르바이트를 해서 돈을 벌 수도 없고, 뭔가를 온라인으로 사고팔려 해도 부모님 인증이 없으면 아무것도 못 하죠. 그래서 초등학생의 금융 생활은 아무리 잘해 보려고 해도 진짜 별 게 없어요.

아무튼 그래도 여러분은 그렇게 벼룩시장이나 온라인 중고 마켓에서 번 돈 역시 차곡차곡 모았겠죠? 그럼 이제 무슨 일이 일어날까요? 부모님이 또 그 돈을 후딱 가져가겠죠. 아니, 모으기만 하면 가져가다니……, 도대체 이유가 뭘까요?

혹시 그동안 가져간 돈을 몰래 써 버렸나 의심하면서 물어보면, 부모님이 통장을 보여 줄 거예요. 돈이 꽤 모였다면, 뿌듯하겠죠? 그럼 이제 부모님이 왜 돈을 모조리 가져가는지 추리해 봐요.

자, 통장을 앞에 둔 부모님의 행동을 잘 살펴보세요. 세상 심각한 얼굴로 머리를 싸매고 고민을 하고 있을 거예요.

'오, 소중하고 기특한 돈! 이 코 묻은 돈을 어떻게 할까나?'

'이자가 더 높은 다른 예금이나 적금으로 갈아탈까?'

'이참에 아이 이름으로 주식 한번 사 볼까? 아, 뭘 사지?'

'그냥 펀드에 넣을까? 혹시 그러다 왕창 손해 보면 어떡하나?'

아니, 그렇게 소중한 돈이면 그냥 통장에 곱게 모셔 두면 되지, 뭘 그렇게 고민하는 걸까요? 부모님은 내 돈으로 도대체 무얼 하려는 걸까요? 부모님이 중얼거리는 이자, 적금, 주식과 펀드의 정체도 수상합니다. 그것들은 과연 다 무엇일까요? 이제 다음 이야기에서 그 비밀을 풀어 볼게요.

투자란 무엇일까?

알뜰살뜰 모아 둔 내 돈으로 부모님이 하려는 건, 다름 아닌 '돈 불리기'랍니다. 우리가 흔히 '투자'라고 말하는 거죠.

적은 돈을 씨앗 삼아 큰돈으로 불리다니, 투자라는 건 왠지 대단해 보입니다. 9천 원이 만 원이 되고, 99만 원이 100만 원이 된다니, 참으로 신기해요.

그런데 투자를 하다 보면 돈이 불어나기도 하지만, 반대로 돈이 줄어들기도 해요. 9천 원이 9백 원이 되고, 100만 원이 10만 원이 되면 무척 속상하고 괴롭겠죠? 그래서 투자가 뭔지, 돈이 어떻게 불어나고 왜 줄어드는지 정말 잘 알아두어야 해요.

투자는 넓게 보면 나중에 더 큰 이익을 얻기 위해 미리 돈이나 시간, 노력이나 마음을 들이는 모든 일을 말해요. 그런 의미에서 보면 놀고 싶지만 꾹 참고 공부하는 것도 미래를 위한 투자라고 할 수 있죠.

친구가 준비물을 가져오지 않았을 때 선뜻 내 걸 빌려주는 것도 투자라고 볼 수 있어요. 다음에 내가 준비물을 안 가져오면 친구가 도와줄 테니까요. 게다가 친구와 사이가 더 좋아진다면 그것만큼 좋은 일도 없잖아요?

손해를 보거나 실패하는 것도 투자라고 볼 수 있어요. 모처럼 인터넷 후기를 찾아보고 간 식당의 음식이 맛이 없으면 속상하지만, 다음에는 그곳을 피할 수 있으니까요. 우리는 모든 일에서 배울 점을 찾을 수 있으니까, 그렇게 보면 세상 모든 일은 앞날을 위한 투자라고 할 수 있어요.

하지만 <u>경제나 금융 쪽에서 투자나 이익을 말할 때는 숫자로 정확히 계산할 수 있는 것들만 주로 다룬답니다.</u>

귀중품이나 예술 작품을 사서 보관하는 것도 흥미진진한 투자죠. 지금은 아무도 알아주지 않지만 언젠가는 틀림없이 사람들의 사랑을 받을 것 같은 그림을 사 두는 것도 좋은 투자예요.

화가 빈센트 반 고흐는 살았을 때 그림을 거의 못 팔았어요. 그가 죽은 지 얼마 안 되었을 때 그의 그림 〈가셰 박사의 초상〉은 단돈 58달러(우리 돈 약 6만 원)밖에 안 됐죠. 하지만 백 년 뒤 이 그림은 무려 8250만 달러(우리 돈 약 천억 원)에 팔렸어요. 만약 여러분이 이 그림을 샀다면, 140만 배가 넘는 이익을 남긴 엄청난 투자를 한 거예요!

궁금해요!

돈은 어떤 모습으로 어떻게 움직이나요?

소득

수입이라고도 해요.
일을 하고 그 대가로 받아요.
저축이나 투자를 하면 돈이 돈을 벌어 와요.
누가 그냥 주거나 복권에 당첨되어도 생겨요.

소비

지출이라고도 해요.
먹는 것, 입는 것처럼 필요한 것을 사요.
책과 영화처럼 기쁨과 즐거움을 위해서도 돈을 써요.

세금

군대와 경찰, 학교 교육, 쓰레기 처리처럼
꼭 필요한 공공 서비스를 위해
모두가 얼마간 나라에 돈을 내요.

기부
도움이 필요한 사람이나 동물을 위해,
환경을 살리고 나랏일을 감시하는 단체에
마음을 담아 돈을 보태요.

투자
나중에 돈이 더 불어나기를 바라며
미리 주식, 채권, 그림, 건물 같은 걸 사요.

대출
빚이라고 해요.
돈이 꼭 필요하지만 돈이 없을 때
다른 사람이나 은행 같은 곳에서 빌려요.

검은 돈
남의 돈을 훔치는 절도, 회삿돈을 훔치는 횡령,
사기를 치거나 보이스 피싱으로 뜯어낸 돈,
원래 주인이 있는 돈을 빼앗아 생기는 돈이에요.
모두 다 범죄예요. 길에서 주운 돈도 그냥 가지면 안 돼요.

나는 앞으로 어떤 삶을 살게 될까?

투자가 뭔지 대강 알아 봤으니, 투자가 필요한 이유를 알아볼까요? 우리는 세상에 태어나서 죽을 때까지 돈과 함께해요. 그런데 시간의 흐름에 따라 돈의 흐름이 달라진답니다. 한번 살펴볼까요?

우리가 어린 시절과 청소년기를 지나며 자라고, 사랑하는 사람을 만나

유소년기
학교 다녀오겠습니다!
보호자가 돌보는 시기. 아주 적은 돈을 벌거나 모을 수 있지만, 주로 쓴다. 학교를 다니며 미래를 준비한다.
버는 돈 < 쓰는 돈

청년기
공부도 열심히 일도 열심히!
학교를 졸업하고 직업을 갖는 시기. 경력이 없어 돈을 적게 벌지만, 큰돈을 쓸 일도 별로 없다. 결혼하거나 독립하는 데 돈이 들기도 한다.
버는 돈 = 쓰는 돈

가족을 만들거나 혹은 혼자 독립하고, 나이가 들어 은퇴하고 늙어 가는 모든 과정을 '생애 주기'라고 해요. 생애 주기는 하나씩 하나씩 밟아 가는 삶의 계단 같은 거예요. 돈의 흐름은 이 주기에 따라 변한답니다.

가만히 생각해 보면, 우리가 언제나 돈을 벌 수 있는 건 아니에요. 물론 초등학생인데 휴대 전화 앱을 개발해서 세상을 놀라게 하거나, 고등학생이 인터넷 쇼핑몰을 창업해서 엄청난 성공을 거두기도 해요. 어린 나이에 유명한 BJ나 유튜버가 되어 큰돈을 벌었다는 이야기도 들려요.

하지만 이런 일은 정말 드물게 일어나는 일이에요. 평범한 어린이와 청소년이라면 대학을 졸업하고 직업을 얻기 전까지, 대부분 '돈을 쓰기만 하는 시간'을 보내야 해요.

크기를 비교하는 꺾쇠 모양의 부등호 기호를 알죠? 그걸로 보통 사람의 생애 주기에 따라 버는 돈과 쓰는 돈의 크기를 비교해 봐요. 그러면 버

장년기
자기 일에 전문가가 되어 돈을 가장 많이 버는 시기. 하지만 내 집 마련, 자녀 키우기 등 큰돈을 쓸 일이 많다.
버는 돈 > 쓰는 돈

노년기
직장에서 은퇴하거나 늙어서 일을 계속 할 수 없어 돈을 벌기 힘든 시기. 하지만 병원비 등 돈 쓸 데가 많다.
버는 돈 < 쓰는 돈

는 돈보다 쓰는 돈이 더 많다는 걸 알 수 있어요.

　우리는 살면서 계속 돈을 벌 수는 없어요. 어리거나 나이가 많으면 일을 하기 힘드니까요. 직업을 잃거나, 질병·사고로 크게 아파도 돈을 못 벌어요. 그런데 안타깝게도 어린이든 성인이든 노인이든 계속 돈을 써야만 살 수 있어요.

　만약 돈을 버는 시간보다 돈을 쓰기만 하는 시간이 더 길면 어떡하죠? 돈이 없는 시절에도 모아 둔 돈을 쓸 수 있도록, 우리에겐 돈에 대한 계획과 대책이 꼭 필요합니다.

　다음은 꿈 많은 한 어린이의 10년~15년 후 인생 계획표예요. 이 친구가 원하는 것을 하려면 돈을 어떻게 마련해야 할지 함께 생각해 봐요.

　만약 아르바이트를 구하지 못하면 이 친구는 남극 여행을 어떻게 가죠? 만약 부모님께 도움을 받지 못하면 대학교는 어떻게 다니나요? 자동차는 꽤 비싼데 무슨 돈으로 살까요?

계획	나이	돈을 마련할 방법
남극 여행	20살	아르바이트로 모은 돈
대학에서 공부	20~24살	부모님 도움, 장학금
캠핑카 구입	25살	?

이걸 다 해보려면!

난 미래에 하고 싶은 게 많아!

여러분은 이 계획표를 보고 무작정 꿈만 꾸는 친구에게 친절하게 충고할 수 있어요.

"있잖아, 일단 회사에 취직을 해야 할 것 같아. 월급을 받아 모으는 게 먼저야. 그래서 돈이 모이면 그때 자동차를 사. 캠핑카 말고 평소에도 타고 다닐 수 있는 걸로. 알았지?"

그래요. 돈을 쓰려면, 먼저 돈을 모아야 해요. 돈이 없는 시절에도 어려움을 겪지 않으려면, 돈을 벌 때 잘 모아 둬야 하니까요. 개미와 베짱이 이야기가 괜히 있는 게 아니랍니다. 여름 동안 부지런히 모으면 겨울에는 아무 걱정이 없죠.

게다가 우리는 돈을 모으는 법을 잘 알아요. 초등학생이 제일 잘하는 바로 그것, 저축이죠. 통장을 만들어 거기에 돈을 차곡차곡 모으면 걱정 없을 거예요.

그런데 부모님은 왜 자꾸만 저축한 돈을 '투자'하려고 할까요? 돈이 불어나면 좋긴 하지만, 큰 손해를 볼 수 있는데 말이에요.

부모님이 투자를 고민하는 건 따로 이유가 있어서예요. 안타깝게도 이제는 투자를 하지 않으면 여유롭게 살기가 힘들어졌기 때문이랍니다. 열심히 저축하는 것만으론 넉넉하게 살 수 없다니, 도대체 우리가 사는 세상에 무슨 일이 일어나고 있는 걸까요?

모아도 모아도 모이지 않는 돈

우리가 저축을 하는 이유는 나중에 필요할 때 쓰기 위해서예요. 자, 지금부터 상상 은행에 조금씩 저축을 해 봐요. 일 년에 만 원씩 모아서, 십 년 뒤에 십만 원을 만들 거예요. 돈을 모으는 목표는 십 년 뒤에 십만 원짜리 게임기를 사기 위해서랍니다.

그런데 이를 어쩌면 좋아요? 십 년이 지나 드디어 10만 원을 들고 마트에 갔는데, 그동안 게임기 값이 20만 원으로 두 배나 올라 버렸지 뭐예요!

그래요, 시간이 지나면 물건값은 오릅니다. 엄마 아빠가 초등학생이던 이십 년 전에 100원이던 초코맛 파이는 지금 400원이 되었어요. 네 배나 올랐죠. 300원이던 매운맛 라면은 800원이 되었어요. 심지어 1971년엔 한 그릇에 50원이던 짜장면이 50년만인 2021년엔 100배나 올라 5000원이 되어 버렸죠.

이렇게 물건값이 계속 오르면, 그냥 저축만 해서는 필요한 것을 살 수 없고 원하는 일도 할 수 없어요. 그래서 물건값이 오르는 만큼 돈을 더 불려야만 합니다. 10년 동안 10만 원이 20만 원이 되는 방법을 찾아야 우리는 게임기를 살 수 있어요.

여러 가지 물건값을 아울러 '물가'라고 불러요. 이렇게 물가가 계속 오르는 세상에서는 투자에 관심을 가질 수밖에 없답니다.

그런데 옛날에는 물가가 올라도 지금처럼 투자에 크게 관심을 기울이

는 사람들이 그렇게 많지 않았어요. 왜일까요?

지금 우리의 할머니 할아버지가 젊었을 때는, 1월에 은행에 100만 원을 맡기면 12월에 110만 원을 돌려받을 수 있었어요. '이자'라는 게 10만 원이나 붙었기 때문이에요. 이자에 이자가 붙어서 돈이 눈덩이처럼 불어나니까 저축만으로도 큰 어려움이 없었답니다.

이자란 무엇일까요? 돈을 빌릴 때 빌려준 대가로 더 보태서 주는 돈을 말해요. 전래 동화 속에는 종종 욕심 많은 고리대금업자가 나옵니다. 가난한 주인공에게 돈을 빌려주고 나중에 이자를 왕창 받아 내는 사람들이죠. 은행 이자는 고리대금과 다르기도 하고 비슷하기도 해요.

우리는 돈을 모아 은행에 맡깁니다. 집에 돈을 놓아두면 잃어버릴 수도 있고 도둑맞을 수도 있으니까요. 은행은 참 신기한 곳이에요. 돈을 안전하게 맡아 주는 것도 고마운데, 돈에 이자라는 돈까지 붙여 주다니! 어떻게 그럴 수 있을까요? 은행은 천사일까요?

비밀은 은행에 맡긴 내 돈이 이리저리 움직이는 데 있어요. 우리가 은행에 돈을 맡기면 그 돈은 튼튼한 은행 금고에 가만히 보관되어 있을 것만 같지만 사실은 그렇지 않아요.

여러 사람이 은행에 돈을 맡기면 은행에는 돈이 많이 쌓일 거예요. 그럼 은행은 최고의 보안 시설을 갖춘 금고에 그 돈의 10분의 1 정도만 넣어 둡니다. 나머지는 돈이 필요한 사람이나 돈이 필요한 회사에 열심히 빌려준답니다.

이렇듯 은행은 돈을 맡기는 곳이기도 하지만, 돈을 빌리는 곳이기도 해요. 은행은 돈을 빌려줄 때 이자를 높게 받아요. 돈을 맡기는 사람에겐 그보다 이자를 조금 낮게 줘요. 그 차이가 은행이 얻는 이익이라고 할 수 있어요.

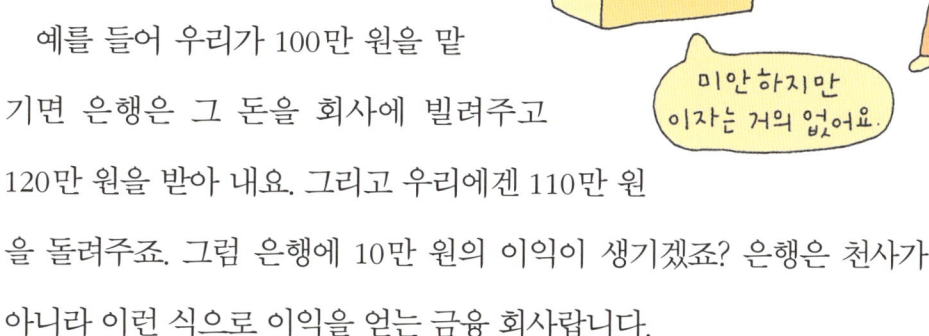

예를 들어 우리가 100만 원을 맡기면 은행은 그 돈을 회사에 빌려주고 120만 원을 받아 내요. 그리고 우리에겐 110만 원을 돌려주죠. 그럼 은행에 10만 원의 이익이 생기겠죠? 은행은 천사가 아니라 이런 식으로 이익을 얻는 금융 회사랍니다.

자, 방금 살펴본 대로 은행이 이자를 잘 주기만 하면 투자 없이 저축만으로 충분할 것 같죠? 하지만 불행히도 이제는 은행에 돈을 맡겨도 이자를 거의 받기 힘들어요. 100만 원을 맡기면 1년에 이자로 10만 원은커녕 만 원도 받기 힘든 세상이 되어 버렸거든요.

이때 은행이 이자로 얼마나 줄지 정하는 걸 '금리'라고 해요.

이자가 계속 낮아진 데는 여러 가지 이유가 있답니다. 가장 큰 이유는 우리나라뿐 아니라 세계 경제가 꽤 오랫동안 어려움을 겪고 있기 때문이에요. 여러분도 '경제 위기'나 '금융 위기'란 말을 여기저기서 심심치 않게 들어봤을 거예요.

경제가 쑥쑥 성장할 때는, 회사가 은행에서 돈을 빌려 건물도 짓고 물건도 잔뜩 만들어 팔면서 금방금방 돈과 이자를 갚아 나가요. 그럼 은행은 그걸로 저축한 사람들에게 높은 이자를 되돌려줄 수 있죠. 반대로 경제가 어렵다면 그러기가 힘들어요.

그래서 지금은 차곡차곡 돈을 모으는 것만으로는 미래를 대비하기 힘들어졌답니다. 물가는 계속 오르고, 은행 이자는 낮아, 시간이 지날수록 돈의 가치가 점점 떨어져 버리거든요.

그래서 우리는 모은 돈을 잘 불려야 해요. 투자가 필요한 시대인 거예요. 돈을 불리는 건 무척 재밌고 흥분되는 일이지만, 손해를 보고 투자한 돈을 다 잃는 위험도 있죠. 그럴수록 조심조심 잘 불려야 하겠죠?

투자가 무엇인지 알아 두면 조금 더 여유롭고 넉넉한 미래를 상상할 수 있어요.

그 첫걸음으로, 주식 투자를 먼저 만나 볼까요?

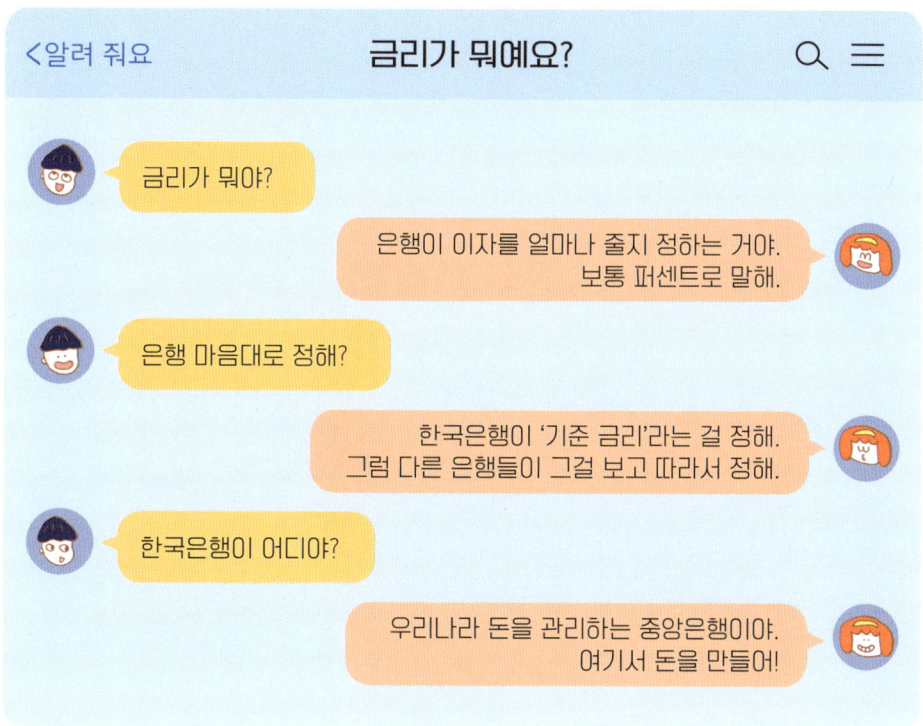

이것 좀 봐. 나한테 주주 총회 참석장이 왔어.
아야, 신나! 무슨 옷 입고 가지?

네가 주식을 산 회사에서 만드는
동물 잠옷 입어야지.
옷이 많이 팔려야 주식이 오른다며?

어린이 주식 클럽

어린이날 선물로 주식을 받았어요.
장난감 대신 장난감 회사 주식을 갖는 게
진짜를 가지는 거래요.
원래 주식은 돈처럼 생긴 종이에
멋지게 글자와 숫자를 인쇄한 거였다는데
내 주식은 그냥 통장과 액정 위의 숫자일 뿐이었어요.
장난감과 숫자 중에 진짜인 건 뭘까요? 둘 다일까요?

어린이도 주식 투자를 할 수 있나요?

<u>주식을 가지고 있는 사람을 '주주'라고 해요.</u> 어린이도 보호자의 허락과 도움이 있다면, 자기 이름으로 주식을 살 수 있죠. 바로 어린이 주주가 되는 거예요.

여러분의 친구 중에도 아마 어린이 주주가 여럿 있을 거예요. 주식 투자가 궁금하고 또 직접 해 보고 싶어서 부모님을 조른 친구도 있겠죠. 주식에 대해 아무런 생각도 없는데 부모님이 열정적으로 잡아끌어 주식을 선물로 받은 친구도 있을 거예요. 어떤 친구는 옛날에 삼촌이 주식 투자를 하다가 돈을 몽땅 잃었다며 부모님이 주식의 '주'자도 꺼내지 못하게 할지도 몰라요.

주식은 돈을 불리는 여러 가지 방법 중에 하나예요. 그래서 '주식 투자'라는 말을 하죠. 뉴스에서 앵커가 빨갛고 파란 숫자들이 가득한 전광판을 배경으로 "오늘 주식 시장은 대부분의 종목이 올라 30××.00로 장을 마감했습니다."라고 말하는 걸 들어 본 적이 있을 거예요. 이게 과연 무슨 말일까요?

'주식' 하면 가장 먼저 무엇이 떠오르나요? 모니터들을 가득 채운 복잡하고 골치 아픈 그래프와 숫자들? 워런 버핏 같은 유명한 투자자도 생각나죠? 프로그램을 만들고 돈 대신 주식을 받았는데 그 주식이 어마어마하게 올라 하루아침에 백만장자가 된 게임 개발자 이야기도 있어요.

주식 투자가 무엇인지, 주식으로 어떻게 돈을 버는지 알고 싶으면 실제로 주식 투자를 해 보는 게 가장 빨라요. **어린이가 직접 주식 투자를 하려면 부모님과 함께 은행이나 증권 회사에 가서 계좌를 만들어야 한답니다.** 2023년 4월부터 미성년자들도 비대면 계좌 개설이 가능해졌어요.

계좌를 열고 나면 컴퓨터나 휴대 전화에 주식을 사고파는 프로그램을 내려받은 뒤 주식 계좌를 개설하고 어떤 주식을 살지 정한 다음 주문을 하면 되지요. 모든 과정에 어른의 도움이 꼭 필요해요.

주식을 사고팔 때 뭐가 필요한지, 어떤 순서를 밟아야 하는지 궁금할 테니까 뒤에서 간단히 일러 줄게요. 하지만 너무 자세한 이야기는 하지 않을 거예요. 그 대신 주식이 세상을 어떻게 움직이는지, 주식이 어떻게 우리 삶과 이어져 있는지에 대한 이야기를 더 하려고 해요. 사실 그게 진짜 재밌는 이야기거든요.

미래의 주식을 찾아 과거로 고고!

주식의 맨얼굴을 만나기 위해 먼저 옛날이야기를 몇 개 들려줄게요. 지금으로부터 2천 년도 훨씬 더 전의 일로, 진짜 옛날 옛적 이야기랍니다.

그때 지구의 동쪽과 서쪽에서는 엄청난 건설 공사가 진행되고 있었어요. 중국에서는 만리장성이, 로마에서는 도로랑 건축물들이 밤낮으로 지어지고 있었거든요. 우리는 그중 서쪽의 로마로 가 볼 거예요.

'모든 길은 로마로 통한다.'라는 속담이 있을 만큼, 로마 사람들은 튼튼하게 쭉 뻗은 도로와 다리를 아주 열심히 만들었어요. 대제국답게 그 길로 군인들과 무기들이 줄지어 이동했고, 로마가 정복한 여러 나라와 로마 사이를 수많은 사람과 물건이 오갔어요. 우편 마차도 그 길 위를 달리며 이곳저곳의 소식을 실어 날랐죠.

로마 사람들은 다리만 만든 게 아니라 신전도 지었어요. 아폴로, 비너스, 미네르바 등 신들도 많아서 신전을 많이 지어야 했죠. 목욕탕과 경기

장도 잔뜩 만들었어요. 상하수도 시설도 빼놓지 않았죠.

만드는 것도 중요했지만, 이미 만들어진 도로와 건물을 수리하고 관리하는 일에도 최선을 다했어요. 그러다 보니 나라에서 이 모든 걸 다 할 수는 없어서, '소키에타스'라는 단체에 일을 덜어 맡겼답니다.

소키에타스는 여러 면에서 다른 모임이나 조직과 달랐어요. 원래 어떤 일을 하려면 돈이 필요하고, 그런 돈은 많으면 많을수록 든든하잖아요? 그래서 소키에타스는 역사상 최초로 모임에 속한 사람들이 모두 자기

돈을 양껏 내놓은 투자 시스템을 만들었어요.

어떤 일을 시작하려고 할 때 투자하는 돈을 '투자금', 투자하는 사람을 '투자자'라고 해요. 소키에타스는 투자자들의 모임이었던 거예요.

투자금을 밑천 삼아 일을 다 끝내면 나라에서 돈을 받을 수 있었어요. 그럼 각자 처음 투자한 비율로 최종 이익을 계산해 사이좋게 나눠 가졌죠. 오십을 투자한 사람은 이익의 오십만큼, 백을 투자한 사람은 이익의 백만큼요.

많은 돈을 투자하면 많은 이익을 돌려받았어요. 적은 돈을 투자하면 적은 이익을 돌려받고요. 자기가 투자한 만큼 이익을 돌려받는 일이 굉장히 공평하고 합리적이라는 사실을 사람들은 그때 처음 깨달았어요. 그리고 그 원칙은 지금까지도 계속 이어지고 있답니다.

소키에타스는 새로운 실험도 했는데, 그건 바로 일을 시작할 때 '모임에 속한 사람들 이름이 아니라 모임 이름으로 계약'을 하는 거였어요.

위험이 없으면 이익도 없다니

그 당시만 해도 오직 '사람'만이 계약을 하고 권리를 가질 수 있었답니다. 소키에타스는 모임이나 단체도 계약을 하고 권리를 가질 수 있다는 걸 보여 줬어요.

오늘날 우리 주변의 수많은 회사들도 사장이나 직원 이름이 아니라 회사 이름으로 세금을 내고, 회사 이름으로 상이나 벌을 받아요. 소키에타스는 어떻게 보면 최초의 법인 회사인 셈이에요. (참고로 우리가 사는 사회를 영어로 '소사이어티'라고 하는데, 이 말은 소키에타스에 뿌리를 두고 있답니다.)

소키에타스가 역사 속으로 사라지고 다시 천 년이 지났을 때, 이탈리아에 전에 없던 새로운 상인 집단이 등장했어요. 그들은 '콤파티아'와 '콜레간차'였는데, 이름에서부터 이탈리아 느낌이 물씬 풍기죠? 둘 다 배를 타고 멀리 나가 향신료와 진귀한 물건을 가져다 파는 해상 무역 상인들의 조직이었어요.

그중 콤파티아가 먼저 새로운 투자 시스템을 생각해 냈어요. 로마의 소키에타스가 모임에 속한 사람들만 투자할 수 있게 했다면, 콤파티아는 자기들과 상관없는 다른 사람들도 투자자로 끌어들였어요. 돈만 있으면 누구나 얼마든지 콤파티아가 하는 사업에 투자할 수 있었죠. 콤파티아는 투자금의 대가로 이자를 지불했어요.

콜레간차는 조금 더 솔깃하고 화끈한 시스템을 만들었어요. 바로 이렇게요.

"만약 항해가 성공하면 투자금의 10배를 돌려주지만, 배가 풍랑을 만나 침몰하면 한 푼도 돌려주지 않겠습니다!"

"위험이 없으면 이익도 없습니다!"

투자금으로 마련된 배가 항해를 마치고 무사히 돌아오면, 투자자들은 한순간에 큰 부자가 되었어요. 하지만 그 배가 바다에 가라앉으면 투자자들은 순식간에 빈털터리가 되었죠. 무역이 실패하면 투자한 돈은 한 푼도 건질 수 없었어요. 흥미진진하지만 아주 위험할 수도 있는, 마치 게임 같은 투자가 시작된 거예요.

하지만 상인들은 최소한의 안전장치를 마련해 두었답니다. 항해가 망해서 너무 큰 손해가 났을 때를 대비한 거예요. 만약 여러분이라면 그럴 때 어떻게 할 것 같나요? 투자자들에게 손해도 의리 있게 함께 나누

자고 했을까요? 그랬다면 아마 투자자를 모으기가 쉽지 않았을 거예요.

생각해 봐요, 배는 은근히 자주 침몰해요. 그 배에 10만 원을 투자했는데 그 돈을 돌려받기는커녕 얻는 것 하나 없이 오히려 30만원을 더 내야 한다면, 누가 선뜻 그 배에 투자를 하겠다고 나서겠어요?

그래서 콜레간차는 사업이 아무리 망해도 투자한 원금만 잃고 끝난다는 원칙을 만들었어요. 남은 손해는 사업을 벌인 상인 집단이 책임져야 한다고 했죠.

덕분에 사람들은 빚은 피할 수 있다는 마음으로 투자를 했어요.

이처럼 사람들은 조금씩 투자자를 모집하고, 이익을 나누고, 그리고 실패했을 때 책임을 누가 지는지 정하면서 오랫동안 투자의 규칙을 다듬어 왔어요.

그 후 300년이 더 지나 신대륙이 발견되고 대항해 시대가 시작됐어요. 전 세계의 물건이 새로 열린 바닷길을 오갔지요. 바야흐로 장사꾼과 상업과 투자의 시대가 활짝 열렸어요.

네덜란드의 동인도 회사도 해상 무역을 하는 상인 집단이었어요. 중국이나 말레이시아 같은 아시아 지역을 중심으로 향신료, 커피, 차, 설탕을 사고팔았어요. 동인도 회사가 들여온 녹차와 우롱차는 서양에서 무척 인기가 많아서, 나중에 이걸 더 발효시킨 홍차가 탄생하기도 했어요.

동인도 회사는 이름에 벌써 '회사'가 들어가 있죠? 예전보다 훨씬 번듯하고 체계적인 틀을 가졌다는 걸 짐작할 수 있어요. 동인도 회사도 다른 상인 집단처럼 투자자를 모집했어요. 그런데 놀랍게도 전과는 다른 아주 새롭고 놀라운 시스템을 만들어 냈죠. 바로 투자자들에게 '증권'이라는 걸 발행하고, '배당금'이란 이름으로 이익을 나눠 주었답니다.

경축! 최초의 주식회사 탄생!

동인도 회사에 투자하고 싶은 사람들은 돈을 내고 증권을 샀어요. 동인도 회사는 증권을 산 사람들에게 향신료를 실은 배가 돌아오면 3.5퍼센트 만큼씩 배당금을 돌려주겠다고 약속했어요. 100만 원을 투자하면 배가 돌아올 때마다 3만 5천 원씩 주는 거죠.

그러면서 증권을 물건처럼 사고팔 수 있도록 암스테르담에 거래소를 열었어요. 증권은 자식에게 상속할 수 있었고, 배가 돌아오기 전에도 증권을 다른 사람에게 팔아 투자금을 되돌려 받을 수 있었어요.

그러다 보니 사람들은 쉽고 편리하게 증권을 사고팔며 투자를 더욱 많이 하기 시작했어요. 여기에 네덜란드 정부가 직접 나서서 동인도 회사를 팍팍 밀어줬어요. 다른 나라와 조약을 체결할 수 있게 해 주고, 군대를 파견하거나, 요새를 만드는 것도 허락해 줬죠. 사람들은 동인도 회사가 망할까 봐 걱정할 필요가 없었어요.

덕분에 동인도 회사는 첫 항해 후 사전에 약속한 3.5퍼센트가 아니라 20퍼센트나 되는 배당금을 나눠 주었습니다. 그 뒤로도 계속 배당금을 나눠 줬고, 어떤 때는 70퍼센트만큼의 배당금을 나눠 주기도 했어요. 100만 원이 170만 원으로 돌아온 거예요. 정말 엄청난 이익이 남은 투자였죠?

점점 더 많은 사람들이 동인도 회사의 주식을 샀고, 영국과 프랑스도 네덜란드를 따라 회사를 만들었어요. **동인도 회사는 세계 최초의 주식회**

사로, 오늘날 우리가 보는 회사의 틀을 만들어 주었죠.

하지만 빛 뒤에는 언제나 그림자가 있어요. 동인도 회사는 더 큰 이익을 내려고 아시아의 가난한 나라들을 몹시 괴롭혔어요. 나중엔 마약인 아편을 팔고 전쟁도 일으켰죠. 20세기 초 일본 제국은 '동양 척식 주식회사'를 만들어 식민지인 우리나라에서 온갖 자원과 물건을 빼앗아 갔는데, 그 모델이 바로 동인도 회사였답니다. 동인도 회사가 얼마나 사람들을 부려먹었을지 짐작이 가죠?

알려 줘요 | 증권과 주식은 어떻게 달라요?

주식은 증권의 한 종류예요. 증권은 금융 상품의 소유권을 증명하는 서류, 그러니까 쉬운 말로 '그게 내 거다'를 증명해 주는 종이예요. 상품권이나 보험증서, 주식, 수표 같은 게 다 증권이죠. 예전에는 주식도 종이로 발행했기 때문에 증권과 주식이 같은 말처럼 쓰였어요. 그래서 주식 거래를 도와주는 회사를 증권 회사라고 불러요. 주식회사는 일반 회사를 말하고요.

회사를 알면 주식이 보여요

옛날이야기를 한참 들었지만, 아직도 주식이 뭔지 잘 모르겠죠? 사실 이탈리아 상인 단체 이름 같은 건 바로 잊어버려도 괜찮아요.

'아, 사람들은 정말 오래전부터 투자를 해 왔구나.'

이런 마음이 들었다면 잘 따라온 거예요. 많은 돈을 투자하면 이익도 많을 수 있지만 반대로 손해도 클 수 있다는 것을 알았을 테고, "위험이 없으면 이익도 없다!"라는 말도 기억에 남았을 거예요.

그래요, 주식은 돈이나 신용카드와 달리 생각해야 할 게 많아요. 같은 금융 상품이지만 저축으로 불리는 예금이나 적금과도 다르죠. 참, **예금은 한 번에 큰돈을 정해진 기간 동안 맡기는 거고, 적금은 다달이 얼마씩 모아 나중에 큰돈을 만드는 거예요.**

주식 이야기는 어른들도 어려워해요. 이야기를 들어도 돌아서면 바로 잊어버리고 알쏭달쏭 한 게 주식이에요.

우리가 흔히 주식에 대해 듣는 이야기는 "저 주식이 올랐대!", "이 주식이 떨어졌대!" 같은 말들입니다. 그래서 주식은 왠지 쌀 때 사서 비쌀 때 팔아 돈을 남기는 게임 같기도 해요.

주식을 이해하려면 직접 회사를 만드는 과정을 상상하는 게 제일 좋아요. 동인도 회사는 왜 증권, 그러니까 종이 주식을 만들었을까요? 후추와 정향, 녹차와 설탕을 실어올 배를 띄우는 데 돈이 필요했기 때문이에요.

자, 여러분도 만들어 팔고 싶은 물건을 하나 생각해 봐요. 음…, 말만 하면 저절로 움직여서 공책에 글씨는 써 주는, 그것도 내 글씨와 똑같은 손 글씨를 써 주는 '자동 숙제 연필' 같은 건 어때요?

이제 그걸 만들어 파는 회사를 차릴 거예요. 사업을 시작하는 거죠. 사

업을 하려면 제일 먼저 필요한 게 뭐죠? 그래요, 돈이에요. 이 회사를 차리는 데 500만 원이 필요하다고 해 봐요. 현재 나에겐 100만 원밖에 없어요. 친구가 자기도 100만 원 있다고, 같이 회사를 차리자고 해요. 이제 동업자가 생겼네요.

하지만 아직도 돈이 모자라요. 그러면 주변 사람들 중에서 투자자를 모아요. 여러분은 그 투자자에게 자동 숙제 연필 회사를 설명한 뒤, 투자금을 받고 주식을 주면 돼요. 1주에 500원짜리 주식을 발행했다면, 10만 원을 투자한 투자자에겐 주식 200주를 주면 되죠.

이렇게 해서 무사히 회사를 차렸습니다. 그럼 이 회사의 주인은 누구인가요? 돈을 낸 사람은 다 주인의 자격이 있답니다. 이때 주식은 주식을 산 사람이 이 회사의 주인이라는 증명서와 마찬가지랍니다.

주식으로 어떻게 돈을 버나요?

누구나 주식회사를 차릴 수 있을까요? 투자받기도 쉬우니까 너도나도 하고 싶을 거예요. 하지만 주식회사는 아무나 차릴 수 없어요. 믿을 만하고 튼튼한 회사라는 걸 증명한 다음 차릴 수 있도록 법으로 정해 놓았거든요. 안 그러면 투자자들이 손해 보는 일이 많을 테니까요.

다행히 우리의 '자동 숙제 연필' 회사는 주식회사가 될 수 있었어요. 그럼 이제 누구나 우리 회사 주식을 살 수 있을까요?

그렇지 않아요. 아무 주식이나 다 사고팔 수는 없답니다. 사람들이 주식을 자유롭게 사고팔 수 있으려면 '상장'이라는 걸 해야 돼요. 상장은 착한 어린이 상, 우수상 같은 게 아니라 증권 거래소에 회사를 등록하는 걸 말해요.

상장이 되면 그 누구라도 우리 회사의 주식을 살 수 있어요. 주식이 많이 팔리면 회사에 돈이 많이 들어와요. 우리는 그 돈으로 더 뛰어난 기능을 추가한 '자동 숙제 연필'을 개발할 수 있죠. 음, 수학 익힘책에 가져다 대면 문제를 척척 풀어 주는 기능을 추가하는 건 어떨까요?

내가 직접 회사를 차려서 주식을 발행하는 상상은 즐겁긴 하지만, 사실 초등학생에겐 좀 먼 미래의 일이죠. 하지만 주주는 지금 당장 될 수 있으니 주주 이야기를 해 볼게요.

주주가 되려면 주식을 사면 돼요. 자, 어떤 회사의 주식을 살까요? 사실 주식 투자는 이 질문에 대한 답을 찾는 일과 같아요. 어른들도 온갖 곳을 돌아다니며 매일 이렇게 물어보거든요.

"제발 알려 주세요. 어느 회사 주식을 사야 돈을 벌죠?"

사실 답은 정해져 있답니다. 알려 드리죠.

주식으로 돈을 버는 방법은 두 가지예요. '시세 차익'과 '배당금'이죠.

시세 차익은 시간이 지나면서 물건값이 올라 얻는 이익을 말해요. 한정판 운동화를 5만 원에 샀는데 일 년이 지나자 8만 원으로 가격이 올랐어요. 운동화를 팔면 시세 차익 3만 원을 벌 수 있어요.

주식도 마찬가지예요. 싸게 사서 비싸게 팔면 시세 차익을 얻을 수 있어요. 가장 바람직한 방법은 작고 튼튼한 회사의 주식을 싸게 산 다음, 회사가 클 때까지 기다려 비싼 값에 파는 거예요. 회사가 잘되기를 응원하는 마음이 저절로 들겠죠?

회사를 고르기 어려우면 경제를 앞장서 이끌어 가는 크고 유명한 기업의 주식을 사는 것도 좋아요. 이런 주식이 원래 비싸고, 갑자기 확 오르지는 않지만 조금씩 꾸준히 오르니까 오래오래 가지고 있다가 팔면 돼요.

그런데 오싹오싹하고 위험한 시세 차익도 있답니다. 주식은 1분 1초 사이에도 요동치며 오르내리니까 주식을 사서 계속 들여다보고 있다가 오르면 바로 팔아 버리는 거예요. 그러려면 하루 종일 여러 개의 주식을 끊임없이 사고팔아야 해요. 이걸로 큰돈을 버는 사람이 간혹 있어요.

하지만 이런 건 투자라고 볼 수 없어요. 기회를 틈타 약삭빠르게 큰 이익을 보려고 하다 보면 투자가 아닌 투기가 되기 쉬워요.

배당금은 회사가 이익을 내면 그 일부를 약속한 만큼 주주에게 나눠 주는 걸 말해요. 적은 돈이지만 정해진 날짜에 꼬박꼬박 들어와서 용돈 받는 것 같은 기쁨이 있어요.

배당금을 얼마 줄지는 주주 총회에서 정해요. 한 주만 있어도 주주 총

회에 갈 수 있고, 어린이 주주도 주주 총회에 갈 수 있으니까 관심 있는 친구는 부모님과 함께 가 보는 것도 좋겠죠?

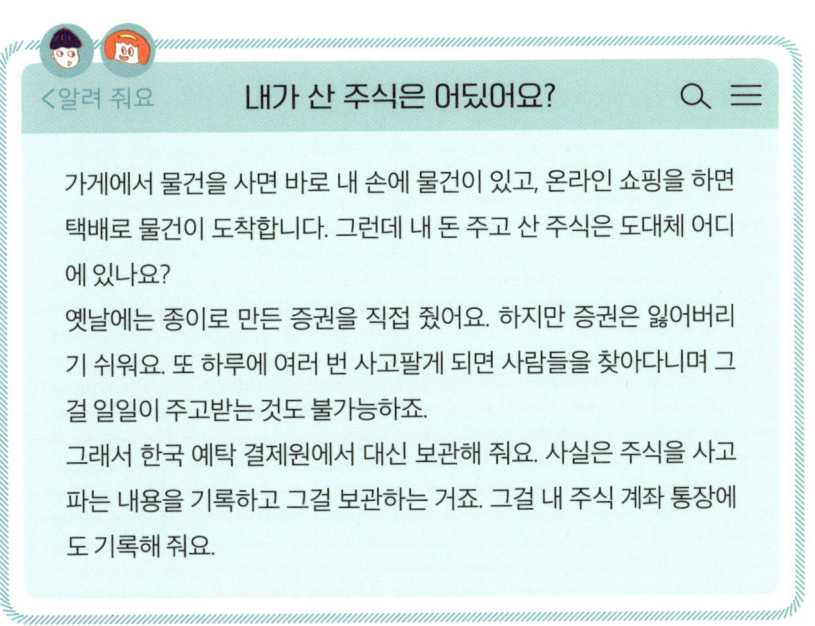

주식에 대해 몇 가지 더 궁금한 것들

주식에 관해 몇 가지 더 알아볼까요? 앞에서 증권 거래소에 회사를 등록하는 상장을 해야 주식을 사고팔 수 있다고 했죠? 증권 거래소는 주식을 포함해 금융 상품을 사고파는 곳이에요.

물건을 사고파는 곳은 시장이니까, 증권 거래소는 금융 시장이에요. 주식을 제일 많이 사고팔기 때문에 주식 시장이라고도 불러요. 우리나라의 증권 거래소는 서울 여의도에 있는 한국 거래소예요. 미국 월스트리트에는 세계에서 제일 큰 주식 시장인 뉴욕 증권 거래소가 있죠.

주식 시장에서 주식들이 어떻게 움직이는지 알려 주는 숫자가 바로 주가 지수예요. 모든 주식들의 가격을 정해진 방법으로 계산해 전체 주식이 얼마나 오르고 내렸는지를 보여 줘요.

우리나라 종합 주가 지수는 '코스피'라는 이름으로 불려요. 생긴 지 얼마 안 된 회사나, 새로운 아이디어와 첨단 기술로 주목받는 스타트업 기업과 벤처 기업의 주식은 따로 '코스닥'이란 시장에서 거래해요.

다른 나라들도 자기 나라의 주식 시장과 주가 지수가 따로 있어요. 미국의 다우 지수, 중국의 상하이 지수, 일본의 니케이 지수, 영국의 FTSE 지수가 대표적이에요. 세계 경제는 하나로 이어져 서로가 영향을 주고받기 때문에 한 나라의 주가 지수가 곤두박질치면 다른 나라의 주가 지수도 흔들린답니다. 어느 나라든 주식 시장은 대부분 활짝 열려 있어서, 누구나 외국 주식을 살 수 있어요.

주식은 이렇게 사고파는군요!

계좌 개설

믿을 만한 은행이나 증권 회사를 골라 계좌를 만들어요.

증권 계좌는 투자할 돈을 넣어 둔 통장이에요.

주식을 사면 돈이 빠져나가고 팔면 돈이 들어와요.

프로그램 설치

옛날에는 증권 회사에 가서 직접 주문서를 넣었지만 요즘은 전자 거래를 해요.

계좌를 열고 나서 주식을 사고팔 수 있는 프로그램을 컴퓨터나 휴대 전화에 내려 받으면 돼요.

종목 선택

어떤 회사의 주식을 살지 골라요.

투자할 회사를 고르는 거예요.

주식의 이름을 종목명, 등록된 번호를 종목 코드라고 해요.

주문 선택

주식을 살지 팔지 정해요.
사는 건 매수, 파는 건 매도라고 해요. 헷갈리면 큰일 나겠죠?
몇 주를 살지도 정해요. 거래 수량이라고 해요.
가장 중요한 가격을 정해요.

주식 가격 결정

지금 현재의 주식값을 잘 살펴보고 내가 얼마에 살지, 아니면 얼마에 팔지 정하는 거예요. '매수 가격 5천 원'은 5천 원에 그 주식을 사겠다는 말이에요. 5100원이면 안 사겠다는 뜻이고요. '매도 가격 5천 원'은 5천 원에 팔겠다는 말이에요. 4900원이면 안 팔고요.

주문서 제출

아까 정한 대로 주문을 넣어요. 모든 주문이 즉시 성사되는 건 아니에요. 내가 정한 조건에 맞는 상대방이 나타나야 거래가 이루어져요. 내가 5천 원에 팔겠다고 했는데 5천 원에 사려는 사람이 없으면 못 파는 거예요.
(다행히 주식을 거래하는 사람이 아주 많아서, 터무니없이 높거나 낮은 가격이 아니면 대부분 거래가 이루어져요.)

거래 체결

주식을 사고파는 과정이 모두 끝나고, 통장에 그 내용이 기록돼요.
거래가 이루어지지 않으면 장 종료 시 자동으로 취소돼요.

나도 주식 투자하고 싶다. 돈 좀 빌려줄래?
투자하면 돈을 많이 벌 테니까 금방 갚을게!

돈을 잃을 수도 있잖아. 그럼 어쩌려고?
지난번 빌려 간 내 지우개도 잃어버렸잖아.
네 말은 믿을 수 없거든?

3장
행복한 부자가 되는 착한 투자 여행

공부와 운동에도 잘하는 방법이 있으니까
투자도 잘하는 방법이 있지 않을까요?
어른들이 이렇게 말하는 것도 들었어요.
'이 투자 비법만 알면 누구나 부자가 될 수 있습니다!'
돈이 없는 사람도 일단 빌려서 비법대로 투자를 하면
금방 돈을 벌 수 있지 않을까요?
그 비밀의 방법이 정말 궁금해요.

내 주식은 언제 오를까?

이제 주식이 뭔지, 주식을 어떻게 사고파는지 조금은 알게 되었을 거예요. 또 주식으로 돈을 버는 방법이 '싸게 사서 비싸게 판다.'라는 것도 알았을 테고요.

하지만 싸게 사서 비싸게 판다는 말은 당연하고 상식적인 말 같지만 무척 애매하기도 해요. 왜냐하면 내가 산 주식값이 언제 얼마나 오를지 미리 알기가 너무 어렵기 때문이죠.

주식값은 도대체 언제 오르고 언제 떨어질까요? 주식값이 오르고 내리는 비밀을 알기 위해 물건값을 먼저 생각해 볼게요. 물건값은 언제 오르고 언제 떨어질까요? 물건을 원하는 사람이 많으면 값은 오르겠죠? 물건을 원하는 사람이 적으면 당연히 값이 떨어질 테고요.

원하는 물건이 적으면 어떨까요? 갖고 싶은 사람이 많아질 테니 값이 오르겠죠. 반대로 원하는 물건이 많아지면 당연히 값이 떨어지겠죠.

자, 여기 3만 원짜리 멋진 운동화가 있어요. 어느 날 운동화값이 4만 원으로 오릅니다. 그러면 어떻게 될까요? 비싸졌으니 사려는 사람이 줄어들어요. 운동화가 적게 팔려 물건이 창고에 쌓이겠죠? 그럼 운동화값이 다시 3만 원으로 내려오게 돼요.

　반대로 운동화값이 2만 원으로 내린다면 어떻게 될까요? 값이 싸졌으니 사려는 사람들이 많아져요. 운동화가 갑자기 잘 팔려 물건이 모자라

겠죠? 그럼 운동화 값은 다시 3만 원으로 올라가게 돼요.

그런데 주식값은 이와 조금 달라요. 자, 여기 3만 원짜리 주식이 있다고 해 봐요. 어느 날 주식값이 4만 원으로 오릅니다. 어떻게 될까요? 값이 올랐으니 사람들이 "어휴, 너무 비싸. 안 살 거야."라고 할까요?

그렇지 않아요. 오히려 반대예요. 주식값이 오르면 사람들의 기대감이 높아져요.

'뭐지? 뭘까? 왜 오르지? 뭔가 좋은 소식이 있나? 더 오르기 전에 얼른 사야겠어!'

그러면서 주식을 더 사려고 해요. 주식값이 오르면 사려는 사람이 늘어나서 오히려 값은 더 올라요.

한편, 3만 원이던 주식값이 2만 원으로 떨어지면 어떻게 될까요? 싸니까 더 많이 살까요? 아니에요.

'뭐지? 뭘까? 왜 떨어지지? 뭔가 나쁜 소식이 있나? 더 떨어지기 전에 얼른 팔아야겠어!'

그러면서 주식을 빨리 팔아 버리려 해요. 주식값이 떨어지면 팔려는 사람이 늘어나 오히려 값은 더 떨어져요.

이처럼 주식값은 물건값과 다르게 몹시 불안정하게 움직여요. 갑자기 오르거나 갑자기 떨어지는 일도 자주 일어나요. 외국의 주가 지수에 크게 영향을 받기도 해요. 주식은 물건처럼 눈에 보이는 게 아니라서 사람들의 마음이 더 왔다 갔다 해요. 그래서 주식이 언제 오르고 내릴지 예측

하는 일은 무척 어려워요.

그러다 보니 평범한 사람이 주식으로 돈을 불리기는 쉽지 않답니다. 물론 튼튼하고 믿음직한 회사의 주식을 사서 오래 갖고 있으면 언젠가는 이익을 볼 수 있겠지요. 하지만 그런 회사를 고르는 것 역시 쉽지는 않아요.

주식을 사기 좋은 회사를 고르려면, 사람들이 뭘 좋아하고 무슨 물건을 사는지 살펴보면 좋아요. 사람들이 제일 많이 쓰는 자동차나 휴대 전화를 만드는 회사, 사람들이 제일 많이 먹는 라면을 만드는 회사의 주식은 꽤 안전할 테니까요.

어떤 회사들이 어떻게 운영되고 있는지를 주의 깊게 살펴보는 것도 필요해요. 그러면 좋은 주식을 고르는 눈도 생기고, 언제 사고파는 게 좋은지 잘 판단할 수 있거든요.

그렇게 늘 주식 시장을 눈여겨보고, 경제 문제에 관심을 가지고, 주식에 관한 정보를 열심히 찾아 공부하면, 언젠가는 주식 전문가가 될 수 있을지도 몰라요.

투자와 투기는 달라요

하지만 우리가 주식에만 온 신경을 쓰며 투자에 매달릴 수는 없어요. 우리는 공부도 해야 하고, 일도 해야 하고, 가족과 시간을 보내고, 취미 생활도 해야 해요.

우리가 돈을 모으고 불리려는 이유는 여유로운 미래를 준비하고 혹시 모를 어려움에 대비하기 위해서예요. 돈에 휘둘리지 않을 경제적 자유를 얻으려는 거죠.

그런데 주식에 너무 많은 것을 기대하고 너무 많은 시간과 노력을 들이면, 오히려 주식에 휘둘리고 생활의 자유를 빼앗기게 돼요. 그러다 보면 투자가 아니라 투기에 휩쓸려요.

특히 '대박', '한방'을 바라는 마음이 클수록 이런 함정에 빠지기 쉬워요. 게다가 돈이 모이는 곳에는 언제나 돈을 노리고 검은 손을 뻗는 사람들이 있어요. "이건 너에게만 알려주는 정보야." 하면서 큰돈을 투자하라고 유혹하는 일도 많거든요.

투자와 투기는 달라요. 투자는 지금 쓸 수 있는 돈을 안 쓰며 꾹 참고 나중으로 소비를 미루는 거예요. 미래에 더 많은 이익과 이득을 얻기 위해서죠. 그런데 이익이나 이득은 쉽게 얻을 수 있는 게 아니랍니다.

붕어빵을 팔아서 이익을 얻는 사람을 생각해 봐요. 반죽을 준비해서 빵을 굽고 그걸 팔아요. 그런 다음 그 돈에서 재료비를 빼야 이익이 남아요. 이익은 이처럼 시간과 노력을 들여야 얻을 수 있어요.

투자도 마찬가지예요. 경제와 금융에 관심을 가지고 좋은 주식, 가치 있는 주식을 골라 몇 달에서 몇 년이라는 시간을 기다려야 이익을 얻을 수 있답니다.

하지만 투기는 달라요. 미래에 더 많은 이익과 이득을 기대하는 건 똑

같지만, 절대 오래 참지 않아요. 시간과 노력을 거의 들이지 않는 거죠. 특히 주식 투기는 며칠 또는 몇 시간, 심지어 몇 분 만에 큰 이득이 생기길 바란답니다.

게다가 '한방에 떼돈을 벌겠어!'라는 마음으로 비정상적이고 옳지 못한 방법을 이용하는 사람들도 많아요. 자기의 이익을 위해서라면 가짜 뉴스와 거짓말, 소문을 흘려 남들이 손해를 보게 하기도 하죠. 주식 시장에 한꺼번에 돈을 풀어 주식값을 멋대로 끌어올리는 주가 조작도 서슴지 않아요.

그렇게 해서 주식값이 갑자기 올라 사람들이 몰려들면 얼른 팔아치우고 사라져 버린답니다. 그러면 주식값은 순식간에 곤두박질치고, 남은 사람들은 큰 손해를 입어요.

주식 투자가 짧은 시간에 큰돈을 버는 일이라고 생각하면, 이런 투기에 휩쓸리기 쉬워요. 눈앞에서 숫자들이 진짜로 오르내리니까 누군가 사기를 치고 있다는 생각을 못하거든요. 이런 투기꾼들을 그냥 두면 진지하게 투자하는 사람들이 피해를 봐요. 나라 경제도 흔들리고요.

그래서 나라에서도 투기꾼을 법으로 단속해요.

달걀과 썩은 사과는 한 바구니에 담지 않아요

주식 투자가 어렵게 느껴진다면 전문가에게 맡기면 어떨까요? 아니면 주식 말고 다른 투자 방법을 알아보는 건요?

잘 살펴보면 여러 투자 방법이 있어요. 주식처럼 사고팔 수 있는 '채권'과 '펀드'라는 것도 있어요. 채권은 어떤 회사가 얼마의 돈을 언제 갚겠다는 증서예요. 예를 들어 1년 후에 100만 원을 갚는다는 증서를 지금 95만 원에 사는 거예요. 1년이 지나 100만 원을 받으면 5만 원의 이익을 얻는 거죠.

펀드는 금융 회사가 주식과 채권을 모아 파는 상품이에요. 우리가 직접 골라 투자하는 게 아니라, 펀드 매니저라고 불리는 전문가들이 우리 대신 투자해 주는 거죠. 대신 투자를 해 주니까 수수료도 많이 줘야 해요. 또 펀드 매니저를 잘못 만나면 손해를 볼 수도 있다는 걸 반드시 미리 알아 두어야 해요.

펀드 중에는 높은 이익을 약속해서 고객을 모으고는, 어디에 얼마를 어떻게 투자하는지 고객에게 자세히 알려 주지 않는 수상한 펀드도 있어요. 짧은 시간에 높은 이익을 좇다가 손해를 보면, 그 손해를 고객에게 고스란히 떠넘기죠. 그런 펀드를 '썩은 사과'라고 불러요. 조심해야 해요.

투자를 했는데 이익을 얻기는커녕 투자한 돈을 다 잃는 것처럼, 투자에 따르는 위험을 '리스크'라고 해요. 무리한 투자를 부추기는 사람들은 '큰 이익을 얻으려면 당연히 큰 리스크를 감수해야 합니다.'라고 주장해요. 하지만 이 말을 거꾸로 하면, 높은 이익을 약속하는 투자일수록 위험하다는 걸 알 수 있어요.

화재, 질병, 사고처럼 미래에 발생할 수 있는 위험에 대비하는 보험도 투자로 볼 수 있어요. 또 지금 돈을 모아 두면 은퇴한 뒤에 달마다, 혹은 해마다 일정한 돈을 주는 연금도 좋은 투자 방법이에요.

노벨상을 받은 제임스 토빈이라는 경제학자가 이런 말을 했어요.

"달걀을 한 바구니에 담지 마세요!"

달걀을 한 바구니에 빼곡히 넣으면 바구니가 조금만 흔들려도 달걀이 깨져 버리겠죠? 돈을 한 가지 방법으로만 투자하지 말고, 여러 가지 방법으로 투자하라는 이야기예요.

이렇게 돈을 어떻게 모으고 불릴지 계획을 세우는 걸 '자산 관리'라고 한답니다. 우리가 지금껏 이야기한 저축과 투자가 바로 자산 관리예요.

우리는 앞에서 죽을 때까지 돈을 쓰지만, 돈을 벌 수 있는 시기는 정해져 있다는 걸 배웠어요. 그래서 자산 관리가 꼭 필요하지요.

'관리'는 굉장히 딱딱한 말 같지만, 그 속뜻은 무언가를 보살피고 돌보는 거랍니다. 건강도 관리가 필요하고, 반려 동물도 관리가 필요하고, 친구 관계도 관리가 필요해요. 마찬가지로 '돈'도 관리가 필요하죠.

돈을 관리할 때는 세 가지를 생각해야 해요. 가장 먼저 '안전할까?'를 따져야 해요. 이익을 얻지 못해도 최소한 투자한 원금을 잃어서는 안 되니까요. 그 다음이 '이익은 얼마나 될까?'예요. 그리고 마지막으로 급하게 돈을 써야 할 수도 있으니 '현금으로 쉽게 바꿀 수 있나?' 하는 것도 따져 봐야 해요.

예를 들어 주식은 채권보다 안전하지 않지만, 이익이 더 크고 금방 현금으로 바꿀 수 있어요. 또 채권은 주로 정부나 공공기관에서 발행해서 주식보다 안전하지만, 금방 현금으로 바꾸려고 하면 손해를 봐요. 이런 걸 알아 두면 나중에 큰 도움이 돼요.

투자는 돈을 불리는 일이라 누군가에겐 재밌고 설레는 일이죠. 반대로 손해를 볼 수 있기에 누군가에겐 불안하고 망설여지는 일이기도 해요. 하지만 돈이 삶의 많은 부분을 결정하는 세상에서, 무조건 투자를 멀리하는 것은 현명한 선택이 아니랍니다. 수상하고 위험한 투자는 피하면

서, 여러 가지 투자의 방법과 특징을 미리 잘 알아 두고, 필요할 때 신중하게 선택하면 어떨까요?

주식 투자로 많은 이익을 내는 게 부럽고 멋져 보인다면, 조금 손해를 보더라도 꾸준히 투자를 공부해서 좋은 주식을 찾아내는 눈을 기르면 돼요. 만약 투자가 부담스럽고 손해 보는 게 싫다면 이익은 적지만 안전한 채권형 펀드나 연금 저축에 투자하고요.

참, 주식이나 채권, 펀드처럼 금융 상품 말고도, 집이나 건물 같은 부동산이나 금, 그림 구매 같은 것도 또 다른 투자 방법이랍니다.

돈과 함께 신용도 관리해요

돈을 관리하는 이유는 돈을 모으고 불리기 위해서지만, 다른 이유도 있어요. 돈을 제대로 관리하지 않으면 빈털터리가 되거나 빚더미에 앉을 수도 있기 때문이에요.

여러분도 영화나 여기저기 돌아다니는 말들 속에서 '사채를 끌어다 쓰고 협박을 당하고 숨어 다니는 사람' 이야기를 들어 봤을 거예요.

'사채'는 은행처럼 나라가 인정한 금융 기관이 아닌 곳에서 빌린 돈을 말해요. 2021년에 피해자들을 조사해 봤더니, 천만 원을 두 달 빌리는 데 이자를 500만 원씩이나 요구했대요. 얼른 돈을 갚지 못해서 일 년, 이 년이 지나면 천만 원이 순식간에 일억 원이 되어 버려요. 정말 너무하죠?

은행에서 빌리면 되지, 왜 이렇게 이자도 비싸고 사람도 협박하는 곳에서 돈을 빌리는 걸까요? 그건 '신용'이 없기 때문이에요. 은행은 '신용'이 없으면 돈을 빌려주지 않거든요.

신용은 믿음이에요. 부모님이 동전이나 지폐 대신 쓰는 신용 카드를 모르는 친구는 없죠? 신용 카드는 참 이상합니다. 카드로 이것저것 계산하지만, 그때그때 돈을 내는 게 아니라 한 달 후에 그동안 쓴 돈을 한꺼번에 갚아요. 한 달 동안 돈을 빌려주는 거나 마찬가지예요. 신용 카드는 믿음을 바탕으로 물건을 살 수 있는 카드인 셈이죠.

사실 '돈'도 신용이랍니다. 믿음이 돈에 가치를 만들어 주기 때문이죠. 여러분이 우주여행을 하다 신기한 행성에서 외계인을 만났다고 상상해 보세요. 마침 외계인이 특이하게 생긴 음료수를 팔고 있네요. 자, 그것을 사 마시려고 지구에서 가져온 동전과 지폐를 내면 어떻게 될까요? 외계인이 이게 뭐냐고 짜증을 내겠죠.

맞아요, 돈은 우리 모두가 '이게 돈이야.' 하고 약속한 것을 믿고 쓰니까 돈이지, 외계인에겐 그냥 바스락거리는 종이일 뿐이에요. 다르게 말하면 굴러다니는 돌멩이도 우리가 믿기만 하면 돈이 될 수 있어요.

태평양의 작은 섬나라 '야프'는 옛날에 진짜로 돌멩이를 돈으로 사용했어요. 재미있는 건 돌이 클수록 큰돈이었다는 거예요. 생선이나 과일은 작은 돌로 충분히 살 수 있지만, 집이나 배를 사려면 아주 커다란 돌을 주고받았죠.

이런 일도 있었어요. 어느 날 한 사람이 바다로 나가 엄청나게 큰 바위를 구해 돌아오는 중이었어요. 그런데 그만 거센 풍랑을 만나 싣고 오던 바위를 바다에 빠트리고 말았죠. 그래도 야프 섬 사람들은 그 사람을 큰 부자라고 인정했어요. 그리고 그 돌의 가치만큼 다 쓸 때까지 그에게 필요한 물건을 줬어요. 왜냐하면 그가 큰 바위를 가졌었다는 걸 모두가 믿었기 때문이에요.

우리도 마찬가지예요. 식당에서 가족들과 외식을 하고 아빠가 네모난 플라스틱 카드를 내밀어요. 그러면 그걸로 계산이 끝나요. 우리 모두가 이 작은 신용 카드를 돈 대신 사용하는 시스템을 '믿고 있기' 때문이에요.

이처럼 우리가 사는 세상에서 돈은 서로의 믿음을 바탕으로 돌아다니고, 우리는 믿음을 쓰고 모으고 불리는 거예요.

믿음은 언제 가장 중요할까요? 바로 누군가에게 돈을 빌리거나 빌려줄 때입니다. 빌리려는 사람을 믿지 못하면 어떻게 돈을 빌려

주겠어요? 그래요, 신용은 돈을 빌릴 때 가장 많이 쓰는 말이에요. 그래서 신용이 좋다는 건 빌린 돈을 잘 갚을 것 같다는 말과 같죠. 그런데 은행은 어떻게 빌리는 사람이 돈을 잘 갚을 거라는 걸 알까요?

우선 그 사람에게 재산이 얼마나 있는지, 직장에서 월급을 얼마나 잘 받고 있는지 확인하죠. 또 옛날에 돈을 빌려서 잘 갚았는지 안 갚았는지도 살펴봐요. 그렇게 신용 등급을 매긴답니다. 똑같은 방식으로 회사도 나라도 신용 등급을 매겨요.

우리는 앞에서 '자산 관리'라는 말을 들었어요. 그렇다면 자산은 어떻게 확인할까요? 만약 통장에 찍힌 돈이 1억이면 자산도 1억일까요? 아니에요. 그중 일부가 빌린 돈일 수도 있거든요. 그렇게 되면 진짜 자기 돈은 1억에서 빌린 돈을 뺀 돈뿐이죠. 자산이 전부 내 돈이 아니라는 걸 기억해야 해요.

어떻게 하면 행복한 부자가 될 수 있나요?

경제적 자립
일을 할 때도, 일을 하지 않을 때도 돈 때문에 어려움을 겪지 않는 게 경제적 자립이에요.

목표 설정
나만의 생애 주기를 상상해 보고 거기에 맞춰 인생 계획표를 짜 보아요. 언제 얼마나 돈이 필요할지 꼼꼼히 계산해 봐요.

저축하기
아무리 적은 돈이라도 수입이 생기면 반드시 저축해요. 무엇을 하든 씨앗이 되는 돈을 모으는 게 제일 중요해요.

빚 관리

신용 카드 사용에 어떤 위험이 있는지 알아 둬요.
공부를 하거나 사업을 하기 위해 빚을 지게 되는 경우,
어떻게 갚아 나갈지 계획해 봐요.

주식 투자와 배당금

믿을 만한 주식을 사서 오래 가지고 있고,
배당금을 받을 수 있는 주식에도 관심을 가져요.
배당금은 다시 저축하거나 투자해요.

남의 돈으로 투자를 하는 것, 어떨까요?

자산이 아무리 많아도 실제 자기 돈이 없다면 다 빚이랍니다. 빚은 갚아야 할 '남의 돈'이에요. 어려운 말로 대출이라고 부르죠. 그런데 투자를 권하는 사람들은 자꾸 '자산의 크기'를 더 강조해요. 자산에는 빚이 포함되어 있는데, 남의 돈으로 투자를 해도 괜찮다는 말일까요?

우리는 빚은 무조건 나쁘다고 단정 지어 생각해요. 옛날에는 빚을 갚지 못하면 노예로 팔려 가기도 했잖아요. 그래요, 빚은 당장의 어려움을 잠깐 해결해 줄지 몰라도, 절대로 오래 떠안아선 안 되는 게 맞아요.

그런데 어떤 빚은 나쁘지 않을 수 있어요. 예를 들어 대학교에 입학했을 때 받는 학자금 대출을 생각해 볼까요? 대학을 졸업하면, 그렇지 않은 것보다 더 나은 직업을 가질 가능성이 높아요. 그럼 이때의 등록금 빚은 미래를 위한 투자라고 볼 수 있어요. 빚은 대학을 졸업하고 꾸준히 갚아 나가면 되고요.

세상에 없던 새로운 제품과 기술을 개발하는, 이제 막 문을 연 작고 의욕 넘치는 회사를 한번 살펴봐요. 필요한 기계를 사고, 직원들 월급을 주려면 빚을 내야 해요. 이 빚도 미래를 위한 투자라고 볼 수 있어요. 멋진 물건을 만들고 잘 팔아서 빚을 갚아 나가면 되겠죠?

이렇게 세상에는 좋은 빚과 나쁜 빚이 있어요. 우리가 살아가는 세상은 돈이 자유롭게 흘러 다니면서 경제를 움직이는 자본주의 사회예요. 자본주의 사회는 '빚'이 없으면 굴러가지 못한답니다.

신기하죠? 하지만 우리가 지금껏 이야기해 온 주식 투자를 생각해 봐요. 회사를 만들려는 사람들이 주식을 산 우리들에게 빚을 진 거나 마찬가지예요. 빌린 대가로 배당금을 주지요.

은행에 저축하는 것도 내가 은행에 돈을 빌려주는 일이에요. 은행이 나한테 빚진 셈이죠. 빌린 대가로 이자를 주는 거고요.

우리는 좋은 빚과 나쁜 빚, 필요한 빚과 절대로 지지 말아야 할 빚을 잘 구별해야 해요.

그러면 빚으로 주식 투자를 하는 것은 어떨까요? 요즘은 은행 이자가 낮으니까, 은행에서 돈을 빌려 주식에 투자하는 사람도 많아요. 만약 큰 이익을 얻으면 이자를 갚고도 돈이 남거든요.

투자는 미래의 이익을 위해 지금 돈을 들이는 건데, 이익을 얻을 수 있다면 이렇게 빚을 내 투자를 하는 것도 괜찮지 않을까요?

아니요! 절대 괜찮지 않아요. 개인 한 사람, 한 사람의 투자는 회사나

기업의 투자와 완전히 달라요. 회사가 무너지면 나라 경제가 무너지기 때문에 회사의 투자에는 안전 장치가 있어요. 하지만 내가 투자에 실패하면, 누구도 도와주지 않아요. 오롯이 나의 책임이죠.

주식 투자는 처음부터 위험을 품고 태어난 시스템이에요. 조심조심 투자해도 언제든 실패할 수 있어요. 그래서 돈을 빌려 투자해서는 절대 안 된답니다.

그런데도 남의 돈으로 투자를 하려는 사람, 나쁜 빚을 만들어 내는 사람들이 점점 많아지고 있어요. 그런 사람들은 회사를 만드는 것도 아니고 가게를 차릴 생각도 없어요. 그냥 돈만 굴려서 이익을 보려는 거예요.

평범한 사람들도 빚을 내 투자를 하고 싶어 해요. 뿐만 아니라 돈이 충분히 있는 사람도 빚을 내 투자를 하려고 하죠. 은행이 신용만 있으면 돈

을 쉽게 빌려주고, 돈이 많은 사람일수록 더 싸고 더 많이 빌려주기 때문에 부자가 빚을 내는 건 어렵지 않아요.

이렇게 빚으로 투자를 하게 일이 계속되면 세상이 어떻게 될까요? 사람들이 은행에서 돈을 빌리면 빌릴수록, 세상에 돌아다니는 돈은 점점 많아진답니다. 그 돈을 투자해 돈을 더 불리면, 세상에 돌아다니는 돈은 점점 더 많아지겠죠?

물건을 만들고 쓰고 나누는 현실 세계의 경제는 빨리빨리 성장하기가 어려워요. 물건은 그대로인데 세상에 돌아다니는 돈이 많아지면, 돈의

가치가 떨어져요. 빵이 백 개가 되면 전처럼 빵 한 개를 소중하게 생각하지 않는 것과 같아요.

돈의 가치가 떨어지면 똑같은 물건도 더 많은 돈을 주고 사야 해요. 똑같은 집도 더 많은 돈을 주고 사야 하고요.

그러면 평범한 사람들이 점점 힘들어져요. 보통 사람들은 열심히 일해서 월급을 받고, 그걸 저축하고, 다시 그 돈으로 조금씩 투자를 해서 미래를 준비하며 살아요. 그런데 월급은 빨리 오르지 않는 상황에서 집값이나 물가가 빨리 올라 버리면, 저축도 투자도 무척 힘들어져요.

토마 피케티라는 경제학자가 300년 동안 세상이 어떻게 굴러왔는지 살펴봤어요. 그랬더니 돈이 불어나는 속도가 경제가 성장하는 속도보다 항상 빨랐다고 해요. 사람들이 일하고 물건을 만들고 세상을 움직이며 버는 돈보다, 돈이 돈을 버는 속도가 훨씬 더 빨랐던 거예요.

그렇게 되면 돈을 많이 가진 소수의 사람은 돈이 돈을 불러와 빠른 속도로 더욱더 부자가 돼요. 세상에 돈이 많아질수록 돈은 돈이 많은 사람들에게 흘러가요. 열심히 일한 돈을 모아, 그 돈을 조금씩 굴리는 평범한 사람은 아무리 노력해도 늘 제자리예요. 그런 세상은 별로 좋은 세상이 아니겠죠?

착한 투자를 해요

부자가 되고 돈이 많아도 혼자만 잘살면 아무런 재미가 없답니다. 여러분이 멋진 물건을 샀는데 친구들에게 자랑할 수도 없고 아무도 알아주지 않으면 멋진 물건은 더 이상 멋지지 않잖아요?

게다가 돈으로 움직이는 이 세상은 서로가 서로를 믿는 데서 출발했어요. 그러니까 돈을 모으고 불릴 때도 서로서로를, 우리 모두를 위한 투자를 하는 게 맞아요.

장난감 회사의 주식을 사면 내가 그 장난감 회사의 주인이 되지요. 만약 그 장난감 회사가 인기 있는 로봇과 인형을 만들어 이익을 많이 남긴다면 내 주식도 올라갈 거예요.

그런데 이 회사가 몸에 해로운 플라스틱을 사용하고, 공장에서 흘러나오는 각종 쓰레기를 아무 데나 버리고, 일하는 사람들에게 월급을 제대로 주지 않는다면 이런 회사의 주인이라는 게 창피하지 않겠어요?

우리는 주식을 사면 돈을 벌 수 있어요. 그럼 주식을 사면서 세상을 바꿀 수 있다는 것도 알고 있나요?

전기 자동차나 배기가스를 적게 내뿜는 친환경 자동차의 주식을 사면 세상이 어떻게 될까요? 똑같은 물건을 만들고 주식값도 똑같은 회사라면 많은 사람들에게 일자리를 주고, 회사에서 일하는 사람들을 너무 힘들게 하지 않고, 기부도 열심히 하는 회사의 주식을 사면 어떨까요?

이렇게 착하게 투자를 하다가 손해를 보면 어떡하냐고요? 걱정 마세요. 요즘은 지구를 생각하는 착한 회사들이 더 많은 응원을 받고 있어요. 투자자들이 이런 회사가 앞으로 더 잘될 거라고 믿고 투자를 많이 하고 있거든요. 덕분에 착한 회사들이 빠르게 성장하고 있어요.

온실가스를 내뿜어 지구를 뜨겁게 만드는 석유 회사가 아니라, 지구의 환경을 생각하는 신재생 에너지 회사의 주식을 산 사람들이 돈도 많이 벌고 배당금도 많이 받았어요.

맞아요, 우리는 투자를 하면서 세상을 움직일 수 있죠. 우리가 착한 투자를 하면 세상도 착하게 움직여요. 주식 투자는 누군가가 하루아침에 뚝딱 만들어 낸 시스템이 아니라, 오랜 시간 동안 역사 속에서 만들고 다듬어 온 틀이라는 사실을 잊지 마세요.

우리가 시스템과 틀을 바꿀 수 있다는 믿음은 정말 중요하죠. 그래야 주식 투자가 우리 미래를 돕지 않고 짓누를 때, 우리는 용감하게 그 틀을 바꿀 수 있답니다.

좋은 투자자가 되려면
먼저 씨앗이 될 돈을 모아요

　이제 마지막 이야기를 할 시간이네요. 행복한 부자가 될 투자 방법을 이해했나요? 맛있는 것도 먹고, 좋아하는 피규어도 모으고, 근사한 차와 큰 집도 사고, 멀리 여행도 다니면서 여유롭게 살면 무척 좋겠죠? 어려운 사람도 척척 도와주고, 멸종 동물이나 학대받는 동물들을 위해 기부도 많이 하는 거예요. 그렇게 돈을 멋지게 잘 쓰면서 살면 정말 행복할 것 같아요.

　반대로 하고 싶은 일이 있는데 돈이 없어서 못 하게 되면 너무 속상할 것 같아요. 또 갑자기 몸이 아프거나, 갑자기 사고를 당하거나, 혹은 집에 어려운 일이 생겼을 때 돈이 없어서 쩔쩔맨다면 너무 슬프겠죠. 이렇게 슬프고 속상한 일 없이, 그냥 소박하게 반려동물이랑 작은 집에서 뒹굴뒹굴 평화롭게 살아도 무척 행복할 것 같아요.

그래요, 우리는 누구나 자신만의 행복한 삶에 대한 꿈이 있어요. 그 꿈을 이루려 돈이 필요한 거죠. 그런 삶을 꿈꾸며 돈을 모으고 또 불리려 해요. 마음이 넉넉하고 평화로운 미래를 위해서요. 그래서 돈을 어떻게 굴리고 투자할지에 대한 계획이 꼭 필요해요. 초등학생인 여러분이 지금 당장 훌륭한 계획을 세울 수는 없죠. 그래도 머릿속으로, 마음속으로 여러 가지 투자 방법을 실험해 보는 게 필요해요.

투자를 할 때, 잊지 말고 꼭 기억해야 할 게 있어요. 차곡차곡 돈을 모으는 저축만으로는 미래를 다 준비할 수 없기에 투자를 하지만, 투자를 하려면 먼저 저축을 해야 한다는 사실이에요. 씨앗이 되는 종잣돈인 시드 머니(Seed money)를 만들어야 그걸 굴리고 불릴 수 있을 테니까요.

그리고 씨앗이 되는 마음도 모으세요. 혼자만 잘살면 재미없다는 걸 아는 따뜻한 마음과, 올바른 방향으로 돈을 움직이는 건 바로 우리라는 튼튼한 마음 말이에요.

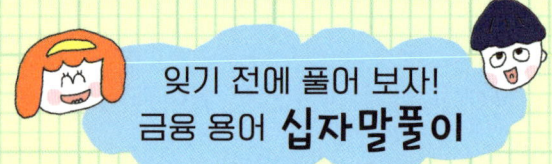
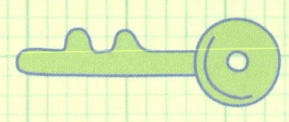

잊기 전에 풀어 보자!
금융 용어 **십자말풀이**

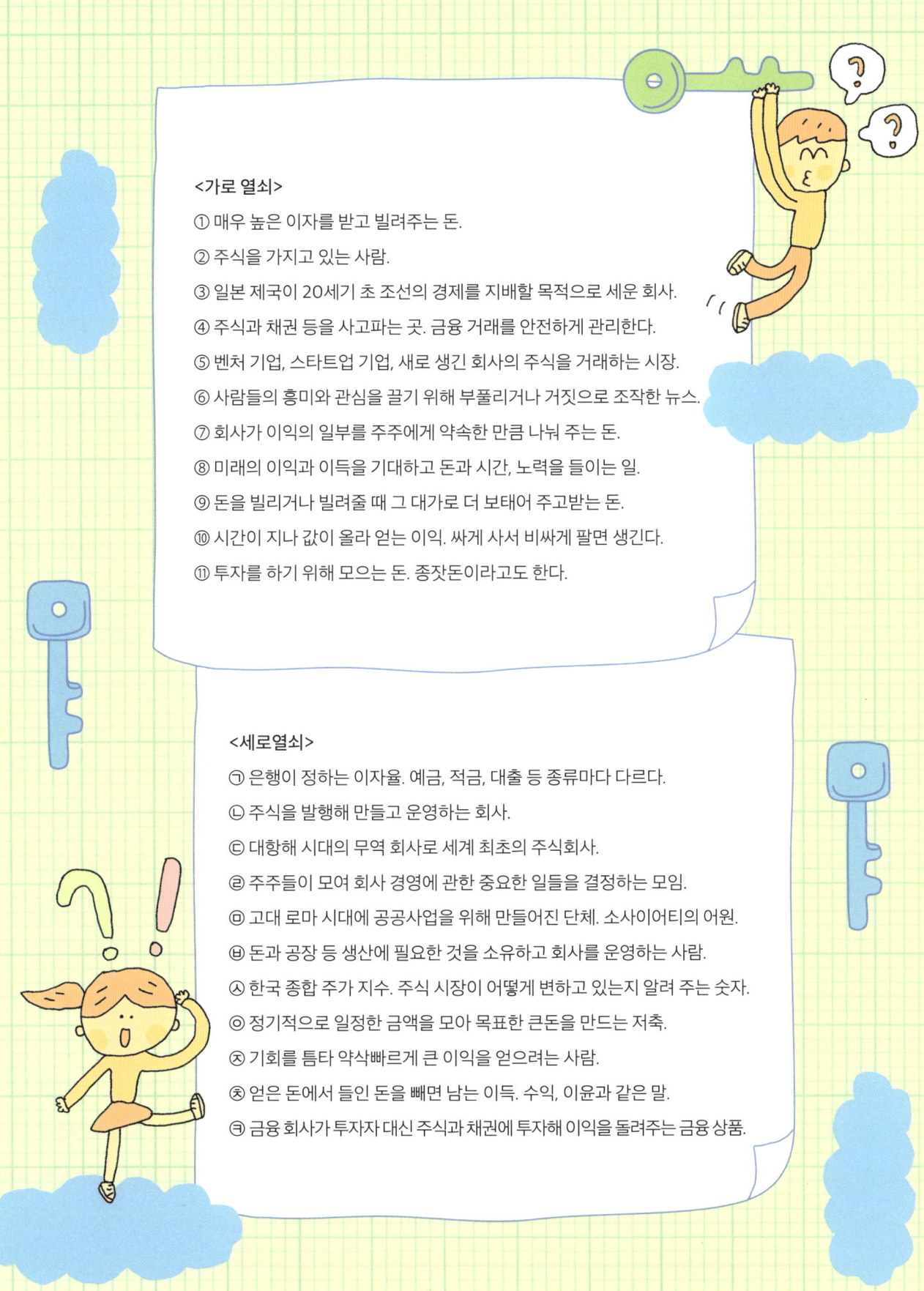

<가로 열쇠>

① 매우 높은 이자를 받고 빌려주는 돈.
② 주식을 가지고 있는 사람.
③ 일본 제국이 20세기 초 조선의 경제를 지배할 목적으로 세운 회사.
④ 주식과 채권 등을 사고파는 곳. 금융 거래를 안전하게 관리한다.
⑤ 벤처 기업, 스타트업 기업, 새로 생긴 회사의 주식을 거래하는 시장.
⑥ 사람들의 흥미와 관심을 끌기 위해 부풀리거나 거짓으로 조작한 뉴스.
⑦ 회사가 이익의 일부를 주주에게 약속한 만큼 나눠 주는 돈.
⑧ 미래의 이익과 이득을 기대하고 돈과 시간, 노력을 들이는 일.
⑨ 돈을 빌리거나 빌려줄 때 그 대가로 더 보태어 주고받는 돈.
⑩ 시간이 지나 값이 올라 얻는 이익. 싸게 사서 비싸게 팔면 생긴다.
⑪ 투자를 하기 위해 모으는 돈. 종잣돈이라고도 한다.

<세로열쇠>

㉠ 은행이 정하는 이자율. 예금, 적금, 대출 등 종류마다 다르다.
㉡ 주식을 발행해 만들고 운영하는 회사.
㉢ 대항해 시대의 무역 회사로 세계 최초의 주식회사.
㉣ 주주들이 모여 회사 경영에 관한 중요한 일들을 결정하는 모임.
㉤ 고대 로마 시대에 공공사업을 위해 만들어진 단체. 소사이어티의 어원.
㉥ 돈과 공장 등 생산에 필요한 것을 소유하고 회사를 운영하는 사람.
㉦ 한국 종합 주가 지수. 주식 시장이 어떻게 변하고 있는지 알려 주는 숫자.
㉧ 정기적으로 일정한 금액을 모아 목표한 큰돈을 만드는 저축.
㉨ 기회를 틈타 약삭빠르게 큰 이익을 얻으려는 사람.
㉩ 얻은 돈에서 들인 돈을 빼면 남는 이득. 수익, 이윤과 같은 말.
㉪ 금융 회사가 투자자 대신 주식과 채권에 투자해 이익을 돌려주는 금융 상품.

십자말풀이 정답